Les lettres de l'oubli

René Poques

Les lettres de l'oubli

NomBre7 éditions

« Le grand thème de la vie, c'est la lutte et la souffrance »
(Charlie Chaplin)

1

16 novembre 2019. Il pleut des cordes depuis la Toussaint, après de longs mois de sécheresse oppressante. Le ciel gris se vide comme un pot de chambre. Quand s'enlacent l'automne et l'hiver. Des amours chiffonnés.

Une giboulée de contrariétés traverse notre pays. Dans le désordre non exhaustif : l'anniversaire des gilets jaunes, les féminicides, l'islamophobie, un séisme, des crues, le réchauffement de nos têtes en même temps que la planète, l'hôpital, la neige qui s'invite dans nos Pyrénées, la montée des extrêmes, la violence latente, la disparition de Raymond Poulidor et de Fred Mella, les élections municipales, la coupe du monde de rugby, le sexe des anges,…

Un goutte-à-goutte médiatique, un supplice chinois qui nous empêche de discerner les priorités avérées, ou pas. Selon les attendus personnels, aussi selon les communautarismes qui privent de fluidité nos possibilités de gouvernance.

Je suis en train de lire « dans les forêts de Sibérie » de Sylvain Tesson, échoué volontaire sur les bords du lac Baïkal.

Dans ce contexte et sans véritable rapport, je voulais vous raconter les histoires de Jean, père d'une fille unique Léa et fils d'Edouard-Alban. La vie est un passage à gué, plus ou moins facile et long à franchir. Concernant Edouard-Alban, il est mort pour la France en 1915, lors de la Grande Guerre. L'entre-tuerie des hommes.

Une nouvelle fois, au risque de provoquer une indigestion, citons quelques chiffres hallucinants, loin de toute logique humaine. La guerre totale : 10 millions de morts, 8 millions d'invalides, 6000 morts par jour ! En France, 1,45 million de morts (6484 morts seulement dans le département du Gers), 1,9 million de blessés… ! Au lot des malheurs absolus, pour encore noircir la période, il faut y ajouter le génocide arménien, la Révolution russe et la grippe de 1918.

La désincarnation de tout un pays va chambouler les peuples sur au moins deux générations, et parfois plus. Et notamment dans le monde rural, la France lointaine, donc oubliée, silencieuse et écartelée.

Plus question de considérations de riches, de différence entre un fait réel ou ressenti, de réforme des retraites, de foulard islamique et de sortie scolaire… j'en oublie volontairement.

Parlons du coeur des femmes et des hommes, des plaies non cicatrisées, des métastases historiques, des pleurs et des cauchemars des enfants. Se souvenir, ne jamais oublier les massacres de la pensée, les excès mortifères de la race humaine.

2

Jean, « *victime des deux guerres* » a poussé ses premiers cris à Lamazère le 8 avril 1914. Une journée fraîche mais sans nuages sur ce petit village au sud du Gers. Une bourgade en fond de vallée, impossible de la deviner, sauf à s'y perdre (294 habitants en 1911, 124 aujourd'hui). Blottie dans un enchevêtrement de collines douces et rieuses. Un labyrinthe de parcelles minuscules avec quelques vaches gasconnes de robe argentée. Des taillis pentus non cultivables. Puis, une grande plaine nourrie grassement par la rivière capricieuse les mois de froidure. Même pas un balcon sur les montagnes enneigées en avril, sans doute qu'on peut les imaginer au loin, au fond d'un creux qui n'en finit pas. Une chapelle basse, construite de pierres et de tuiles canal patinées par le temps. Un clocher-mur avec trois croix de même taille, une symétrie parfaite avec les deux cloches au beau milieu. Un cimetière parfaitement entretenu qui entoure cette église, on sent le respect de nos anciens. Le monument aux morts en céramique se cache à l'intérieur de ce bâtiment fermé à double tour, pas très commode pour les visiteurs sachant la rareté des cérémonies, surtout des funérailles ! En face, une motte tumulus circulaire, peut-être une tombelle qui abrite une sépulture, je n'en sais rien. Une pile funéraire. Et chose surprenante, un pin parasol décharné double fût qui trône sur ce tertre, inhabituel dans cette région. Mais, cet arbre adoucit les lieux, un côté méditerranéen, un relent de paix, tout comme la mairie envahie par une cascade de glycines de

Chine. Le presbytère et le château sont perchés sur la ligne de crête, on ne mélange pas les torchons et les serviettes.

Jean, fils forcément unique d'Edouard-Alban et de Marcelle. Une famille modeste, avec pour socle les métiers de la terre sur plusieurs générations : laboureur, tailleur, journalier, tâcheron, bouvier, couturier, bûcheron, vacher ou pastou (la traite, les soins et la conduite des animaux, chevaux et vaches).

Une fermette sur de maigres arpents de terre, un jardinet et quelques rangs de vigne pour la consommation personnelle. Une masure basse dont le sobriquet est Mingecoque (« le mange-des-gâteaux » en français). Une étable et un fenil qui ne servaient déjà plus beaucoup en 1914, une paire de vaches de travail et trois de rapport. Le centre de vie dans une pièce commune agréable, autour d'une grande cheminée à ras du sol qui fume plus qu'elle ne chauffe, surtout les jours nerveux de vent d'autan qui pousse ses dernières saillies sur l'Ouest du département. L'almanach des postes punaisé à droite de l'âtre. Un vieux four à pain avec sa porte en fonte noire et son oeilleton. Deux chambres, une qualifiée de normale avec un fenèstrou famélique qui donne sur le bois à palombes, à 200 mètres de la maison. Plus une chambrette noire, un placard à dormir. Juste la place pour une couche, pour un ouvrier habitué à la dure, un enfant ou une personne âgée. Des murs en torchis, un mélange aléatoire d'eau, d'argile, de paille ou de foin. De rares pierres inégales encadrent la porte d'entrée côté Sud. Un chemin vaguement carrossable entouré de hautes haies, le refuge des geais, passereaux de nos campagnes. Aujourd'hui, la maison est mangée par la végétation, les arbres poussent par les fenêtres. Les chemins de Samalens et de la Hourcade avec des lauriers pour les Rameaux ou pour Pâques et sa fête du tourteau.

Jean, nourrisson et orphelin de père très vite, est couvé par sa mère et grand-mère jusqu'en 1929, l'année où disparaît sa *pauvre mère, puis élevé par deux tuteurs jusqu'à sa majorité de 21 ans*. Le fragile équilibre familial est rompu, fissuré.

Ouvrier agricole à la journée dès sa sortie de l'école, bien avant le certificat d'études, il participe aux nombreux travaux de la ferme. Le paysage rural traverse une période de transition, on évoque la domestication végétale et animale. Le Sud-Ouest en général, le Gers en particulier, connaît un exode rural sans précédent, dû à une natalité déclinante et un départ massif vers les villes moyennes ou plus grandes, parfois même à l'étranger. Aussi, une arrivée remarquée de bras italiens à partir de 1920, pour pallier un manque cruel de main-d'oeuvre.

La vie paysanne est rythmée par des travaux répétitifs. Vendanges, labours, semailles, hivers relativement doux à couper du bois et s'occuper des bêtes… fenaison et son odeur si particulière, moisson et ses gerbes blondes, battage en fin d'été, pour séparer de l'épi les graines de blé et d'avoine. Le dépiquage fin août ou début septembre, c'est le point d'orgue pour réunir les voisins tous solidaires, le moment de s'étourdir avec force piquette et gnôle blanche, pour délier les langues et le reste.

Pas le moindre engrais, encore moins des phytosanitaires, seulement soufrer la vigne et la sulfater à la bouillie bordelaise de couleur joliment bleu ciel, le matin à la fraîche. Le seul engrais naturel est constitué par le fumier et les excréments des volailles, notamment de poule. L'agriculture biologique bien avant l'heure.

Les rendements sont très faibles, sans compter les bonnes ou mauvaises années, mais on se contente de bien peu. Beaucoup de travail pour un maigre résultat, ce qui contraint les fermiers et métayers à subsister en quasi autarcie totale. À ces difficultés, un contexte général tendu, des bruits de bottes, un chômage qui gangrène les villes dès 1931, des mouvements ouvriers à l'issue sanglante. Le monde agricole est éprouvé, faillites et saisies, effondrement des prix, augmentation des stocks de blé et de pommes de terre, perte de confiance,...

En 1935, Jean fait son service militaire, *l'active*, à la caserne du quartier Espagne à Auch, édifice érigé en 1820 avec sa place d'armes, sur la rive gauche du Gers, côté route de Roquelaure. Peu après la quille, il se marie le 10 novembre 1938 dans le village de son ex-épouse, à 4 kilomètres à travers bois de sa maison natale. Un automne anormalement doux et agréable, 20 degrés dans le Gers, aucun gel, le mois de novembre le plus tiède depuis 1852. La pluie ne fait pas de claquettes. De belles roses trémières lancent leur dernière offensive, mourir le plus tard possible, ne pas fermer les yeux, relever la tête.

L'idée de base est de fonder un foyer, d'avoir un héritier, pas souvent deux en ces temps troublés entrecoupés de conflits, de lésions indélébiles. Laisser au moins sa trace, un nom, et pas seulement au monument aux morts ! La solidarité inter-générationnelle.

À ce moment précis, il faut oser évoquer la chanson anti-militariste de Craonne en 1917 (village complètement détruit lors des différentes batailles du Chemin des Dames, dans l'Aisne) :

« adieu la vie, adieu l'amour

adieu toutes les femmes
c'est bien fini, c'est pour toujours
de cette guerre infâme
c'est à Craonne, sur le plateau
qu'on doit laisser sa peau »…

L'été 1939, interminable, doux et pluvieux. Les gerbes germent dans les champs qui manquent de lumière, ou abrités du vent. Les vaches longent les taillis pour s'abriter. La drôle de guerre, les derniers instants de paix.

La France se blottit dans les chansons de Charles Trenet et de Maurice Chevalier (« yop la boum » en 1935), le tour de France et le col du Tourmalet. Le vainqueur en est Sylvère Maes qui devance René Vietto, maillot jaune pendant 11 jours ! Les fameux congés payés pour la quatrième année. Enfin, pas pour tout le monde. Fin août 1939, annulation pure et simple du premier festival de cinéma de Cannes.

Septembre 1939, l'état d'esprit de la population française repose sur le calme (ou l'inconscience?) et la nécessité de rentrer en guerre. Notre Président de la République Albert Lebrun est en plein doute.

Que dire sur Jean et sa femme du moment ? Un mariage d'amour, de raison, à la paysanne ? Les trois à la fois? Les exigences conjugales ne sont pas celles de maintenant.

Après quelques mois de vie commune, un timide début de mise en place pour la vie, quelques maigres souvenirs floutés. Jean est mobilisé, il reçoit sa lettre d'appel le 26 août 1939, c'est un samedi. Le repos du Seigneur s'annonce bien mal ! Le poulet grillé du dimanche midi ne va pas passer.

Heureusement, bien après la foire de la Madeleine à Montesquiou, fin juillet. Un marché au cadran où s'échangent des outils agraires et où se vendent des bestiaux engraissés pour l'occasion. On y parle fort, sans retenue. La sortie annuelle à ne manquer sous aucun prétexte. Les cantons s'interpellent, les villages se défient, certaines filles s'égarent, les femmes s'acoquinent, les jupons de tulle blanc volettent. Les maquignons ventrus règnent en maître avec leurs longues blouses noires ou grises, leurs liasses de billets de 100 francs, plus rarement de 5000. Et leurs paires de ciseaux à bout arrondi. La cigarette Gauloise papier maïs à la bouche.

Après 4 jours dans le centre mobilisateur d'Auch, l'embarquement par train pour une destination inconnue. Un court passage au camp de Bitche, à Haspelschiedt, en Moselle, la partie la plus orientale de l'ancienne région Lorraine. La citadelle de Bitche observe ses ouailles de sa fière colline centrale, tel un curé qui lorgne jalousement sur ses derniers fidèles. Jean ne sait pas que sa vie va basculer, qu'il va perdre sa femme, ses amis d'enfance, ses voisins, un gros pan de sa vie.

Puis un train souffreteux et brinquebalant le traîne malgré lui vers la Somme, et Paris porte d'Orléans. La ligne Maginot pour l'hiver, le secteur est calme, mais le climat est rude dès le 30 décembre 1939. Les fontaines des bourgades se taisent sous la glace, les oiseaux cherchent leur pitance, les femmes hèlent leurs hommes, les enfants balancent des horreurs sur la mère des autres. Les Allemands attaquent la Belgique, la Hollande, le Luxembourg et tout le nord de la France. Assez peu de renseignements personnels sur cette période.

L'hiver 1939, la peur des communistes. Des pénuries et rationnements de vin, huile, café, savon, vêtements, charbon… Le moral est en berne chez nos soldats mobilisés, la stratégie de riposte semble floue aux yeux de tous. « *Un climat malsain... puis un redressement printanier...* ».

Le printemps 1940 est vraiment pourri, frais avec des bourrasques pluvieuses, surtout le mois de mai. Il neige tard en montagne. Les coquelicots zieutent le soleil. Des orages courts et violents. Un temps incertain dans le Berry océanique, sans saison sèche. On doit avoir du mal à faner à Lamazère, sans doute faut-il retourner le foin à la fourche, l'aérer matin et soir. Le mauvais temps et le manque de bras. Seulement des femmes, des enfants et des déjà vieux pour travailler aux champs.

Jean est à quelques lieues de Vierzon, à La Ferté-Beauharnais pour être exact, village encerclé de bourgs qui fleurent bon cette contrée moussue et giboyeuse : Saint-Viâtre, Neug-sur-Beuvron, Chaumont-sur-Tharonne, pas loin de Romorantin-Lanthenay, capitale de la Sologne (Léonard de Vinci rêvait d'en faire l'attrait principal du Royaume de France). La Ferté-Beauharnais, 510 habitants, est dans le canton de Chambord.

Les Allemands surveillent l'exode massif vers le Sud, sur la grande route nationale, entre Orléans et Vierzon, en mai et juin 1940. Près de 8 millions de personnes affolées sur les routes en quelques jours. Ils laissent le soin aux Italiens de mitrailler méthodiquement les colonnes de civils. Les jeux interdits de René Clément, quand Paulette perd ses parents, son petit chien et rencontre Michel.

Le 15 juin 1940 à 18 heures, Jean est *fait prisonnier* sur les chemin des Epinettes qui relie le champ de foire à la croix des îles. Proche de la route départementale 922 et de l'étang de la Grande Corbois, avec ses nénuphars du jaune au rouge. Je retranscris en italique les écrits de Jean à la fin de sa vie, et cela sans la moindre modification et en conservant parfois les fautes d'hortographe. Des crayonnages sur deux cahiers de type Super Conquérant et Clairefontaine, sur des feuillets libres aussi et non datés, souvent raturés. Une belle écriture dans les règles de l'art ancien, un encrier et une plume sergent major. *« ... Nous étions 2 avec le commandant en reconnaissance d'un bosquet pour camper la nuit à quelques kilomètres de Vierzon le 15 juin 1940 : on quitte la route sur une distance de 800 mètres. Sur les lieux, surpris on se trouve face à une auto mitrailleuse allemande qui avait pris position avant nous, mon camarade suivait assez loin il a réussi à ne pas être vu il fait demi tour et regagne la route juste à l'arrivée de la colonne. Alors il traverse le Cher à Vierzon, la ligne de démarcation zone libre, je suis fait prisonnier... ».*

Dans un piège, fait comme un rat, comme un bleu, comme un lapin de 6 semaines le Jean. Le commandant avait pris le soin de se tenir assez loin, de façon à se protéger. Le privilège du grade. Sa première permission est prévue pour le 16, le lendemain ! Transporté par camion à Orléans (de marque Opel Blitz, produit des années 1930 à 1970), puis un wagon à bestiaux pour la Belgique, l'Allemagne et la Pologne. Trop nombreux, trop serrés, debout les uns contre les autres, impossible de s'asseoir, de fermer l'œil. Rien à manger, ni à boire. Pas la moindre information qui inquiète ou qui rassure. Jean pense à sa femme. Il se dit qu'il rentrera bientôt et que le cauchemar prendra fin, à lui le pays de cocagne gersois, la douce Toscane campagnarde.

Les autorités allemandes déclarent détenir 29.000 officiers et 1.900.000 sous-officiers et soldats français (les chiffres varient beaucoup selon les sources). À peu près 10 % de la population active masculine française ! 80.000 prisonniers réussissent à s'évader entre juin 1940 et novembre 1942.

Cette action massive, systématique, froidement organisée des armées du troisième Reich s'accentue nettement dès l'été 1940, après la capitulation française pendant la « bataille de France ». À partir d'une gare de triage à Paris (aucun renseignement sur les gares traversées), une quarantaine de wagons où il est écrit « hommes 40.chevaux » sur le côté avant. Chacun cherche désespérément une porte ou une latte de bois disjointe pour tenter de respirer un peu d'air frais. L'instinct de survie des animaux. On se parle peu. « … *Quelques arrêts de quelques instants le temps de se ravitailler en charbon et en eau pour la locomotive….* ». Les pieds pataugent dans les souillures des animaux précédemment transportés. On se pisse et on se chie dessus. On pleure les yeux secs.

Au bout d'une journée, plus ou moins, on perd la notion du temps, Jean arrive enfin à destination, le Stalag II-B (un camp ordinaire pour les pauvres gens qui comptent peu), par opposition à l'Oflag (un camp réservé aux officiers) et le Dulag (un camp de transit). Le 16 juin, les Allemands atteignent la Loire et prennent Orléans. Démission du cabinet Reynaud, constitution du cabinet Pétain avec Mrs Darlan, Weygand, Beaudouin et autres ministres. Jean ne le sait pas. Hitler, né en Haute-Autriche, celui qui oublie de s'inscrire en 1909 pour faire son service militaire, le garçon de café pseudo peintre et artiste, progresse de façon inexorable.

Le Stalag II-B ? Un camp énorme, une stabulation libre pour les bovins, un bâtiment industriel à 2,5 kilomètres d'Hammerstein (5917 habitants, aujourd'hui Czarne) en Poméranie, chef-lieu Gdansk, pas loin de Lebork, au nord-ouest de la Pologne. Un beau et gros village proche des côtes de la mer Baltique, autour de l'église Saint-Georges, pour

Jean qui n'avait jamais vu l'océan. Le climat est continental, températures glaciales l'hiver, moins 35 degrés l'hiver 1940, particulièrement enneigé, 4 mois sans voir le sol dès le mois de novembre. Et des étés modérément chauds.

En 1933, c'est l'un des premiers camps de concentration nazis qui abrite alors des communistes allemands et autres politiques réfractaires. 1691 prisonniers en 1939, sous des tentes fragiles pendant cet hiver horrible 1939-1940, les baraquements sont achevés en 1941. Un urinoir par baraque utilisable uniquement la nuit. Ce camp sinistre est victime de son succès (!), au total, et durant la guerre, 38.383 prisonniers soviétiques ! Il s'étend sur plus de 10 hectares, ceinturé par une double clôture de fers barbelés. Une voie de chemin de fer le traverse pour faciliter les « livraisons ». Soviétiques dans la partie est. Français dans une large majorité, Serbes, Belges et Américains dans la partie nord. Il existe de fortes disparités de traitement entre les origines des captifs.

Jean écrit : « ... *assez loin de la frontière en cas d'invasion, des lits superposés en planche comme litière* de *la paille. Vêtements passés aux étuves par paquets de tous nos vêtements. Une plaque autour du cou avec le matricule 89.302 pendant sur notre poitrine. Rangé sur 2 rangs de 50 mètres, une boîte à conserve pour percevoir de l'eau chaude dans laquelle de menus morceaux de pommes de terre avec un bout de couenne et souvent rien à quelques pas de nos distributeurs. C'était pour obliger de partir en kommando pour travailler...* ».

De juillet à décembre 1941, l'arrivée de prisonniers est tellement massive qu'ils dorment à la belle étoile et construisent parfois des trous dans la terre qui s'effondrent sur eux. Des taupes. La mort à tous les instants. Une mortalité très élevée à cause de la famine, du froid vif, du manque cruel d'hygiène, des amours perdus et de l'absence totale de soins. Jean n'en parle jamais dans ses feuillets. Pas la moindre référence non plus à ses amis d'infortune, aucun nom, aucun prénom. La pudeur sans doute, c'est une génération marquée qui parle peu, qui ne dévoile pas ses sentiments, ses humeurs et ses peurs.

Le camp est visité le samedi 9 août 1941 par le professeur Carl Jacob Burkardt de la Croix Rouge internationale. En novembre 1941, une grosse épidémie de typhoïde ravage le camp de la partie est, parfois 200 morts par jour, et le calvaire dure jusqu'en mars 1942.

Très vite, 15 camarades français dont Jean et 29 Américains sont choisis pour travailler dans une grande ferme à 6 kilomètres de Slupsk, Stolp en allemand, à 18 kilomètres de la mer Baltique. Ils sont logés dans une grange, une toiture basse, des briques inégales au sol. Avec les cochons, le bétail et les greniers à grains. Les odeurs le rassurent, il se retrouve dans son élément, un peu comme chez lui. Les Français ont leur propre bâtisse et 2 couvertures chacun. Le grand luxe, enfin une sorte de paradis douillet sur terre. Jean est désigné chauffeur de tracteur, les autres sont laitiers, forgerons, charrons, conducteurs de chevaux ou maréchaux-ferrants.

« ... le patron capitaliste il n'était pas pour le régime d'Hitler. Francophile d'origine française émigré depuis 1870 en Poméranie. Il était pour l'ouvrier. Question nourriture on percevait plus que la ration de pommes de terre. Pas de ration celle qu'on voulait. Le pain de seigle nous était rationné, margarine également... ».

L'emploi du temps quotidien. Levé à 6 heures tous les jours. Déjeuner, la cuisine de la ferme fournit la soupe de pommes de terre, l'eau chaude pour le café et le pain, plus les rations données par la Croix Rouge. 7 heures, ménage, balayage des baraques et toilette obligatoire, des latrines à 3 places. Puis, transfert au champ de pommes de terre avec des charrettes tractées par un cheval. Une anecdote, les travailleuses polonaises sont payées au poids de pommes de terre ramassées, il va sans dire que certains soldats chargent les paniers de leur préférée, tout discrètement.12 heures, repas toujours collectif de midi à la ferme, travail jusqu'à 17 heures, souper et repos dans un enclos, extinction des feux à 19 heures. Il faut nuit tôt dans ces contrées de l'Est. Peu d'étoiles dans le ciel.

Le dimanche, l'ordinaire s'enflamme, une parenthèse, c'est presque la fête. Sauces des fermiers, ragoût de viande, fromage et Schnaps, un alcool de pomme de terre parfumé aux baies de genièvre. Une seule fois par mois et c'est déjà beaucoup, Jean reçoit un grand paquet contenant 4 colis de la Croix Rouge.

Tout se passe relativement bien jusqu'à l'évasion du général Henri Giraud. Il s'enfuit de Koenigstein, près de Dresde, le vendredi 17 avril 1942. Un grand retentissement en France, des marques de sympathie pour Pétain, un périple ferroviaire de 800 kilomètres à travers l'Allemagne. Et beaucoup plus tard, une alliance compliquée entre Giraud et de Gaulle. Des hommes et des ambitions.

Un tournant décisif dans la captivité de Jean : *« ... à l'évasion du Général Giraud. Comme le patron de la ferme n'était pas du régime nazi. Alors les officiers supérieurs du camp sont venus au kommando avec le journal trait d'union.*

Pour propagande à Pétain et eux, et nous proposer de devenir civil libre en travaillant dans des fabriques d'armes en Allemagne. Et avoir des permissions pour venir en France.

Nous avons fait de la résistance, on était prisonnier et on voulait garder l'uniforme français. menacés de camp disciplinaire. Le patron avertit son fils officier supérieur dans l'armée régulière Wehrmacht pour rester dans le kommando. Par vengeance les officiers sont revenus, qu'on aurait plus de relations avec la France. Pris en otage, plus de lettres, ni de colis de la part de nos familles, tout sera marquée à l'encre rouge, puis détruit... ».

Le « Trait d'Union », un journal bi-hebdomadaire français dont le premier numéro sort le dimanche 23 juin 1940, distribué et imposé très largement dans tous les Stalags. Puissant outil de propagande germano-pétainiste. Félicien Laubreaux en est le seul salarié permanent rédacteur en chef, frère d'Alain Laubreaux qui écrit dans « je suis partout », torchon antisémite et collaborationniste. Ce dernier trouve refuge en août 1944 dans l'Espagne de Franco.

À partir d'avril, silence radio, aucun début d'information, pas la moindre nouvelle de la part de Jean. L'oubli. Le contact est rompu avec sa famille (il lui reste 2 tantes, Henriette et Élodie) et surtout avec sa femme. Il est définitivement porté disparu. À la fin de ses jours (et je vérifie encore et encore, pas la moindre ligne gribouillée), strictement rien entre le 17 avril 1942 et le 3 mars 1945. Trois années, trois printemps, un siècle, une vie, c'est long. Rien sur le Gers, sur Lamazère et encore moins sur le camp polonais.

Le 11 novembre 1942 (il s'en passe des choses en novembre dans ce pays), les allemands dominent les parties ouest et nord de la France avec l'aide assidue des Italiens. Ils laissent la possibilité d'un gouvernement français installé à Vichy, dans le sud-est de l'Allier, dirigé par Philippe Pétain. Pierre Laval est propulsé chef de gouvernement, après François Darlan et Pierre-Etienne Flandin. Pour faire simple et court, cette période s'étale, languit du 22 juin 1940 au 20 août 1944. Les méandres politiques.

L'écrivain Robert Desnos devient un homme pestiféré, dégénéré, honni par le gouvernement provisoire. Il participe activement au réseau de résistance AGIR. Il meurt du typhus à 44 ans, fin avril 1945, au camp de Theresienstadt en Tchéquie, après des séjours bien sympathiques à Auschwitz et surtout Buchenwald.

Même si la Résistance débute timidement en 1940, elle bat son plein d'énergie et de bravoure en 1943 et 1944. 4 motivations essentielles : « refus de la défaite et de l'occupation allemande, refus du régime de Vichy et de la collaboration, refus de la répression et des mesures antisémites et volonté de combattre pour libérer la France ». De nombreux attentats et sabotages nourrissent grassement cette guerre subversive, un rôle prépondérant dans la libération de notre pays. Les chiffres varient (et c'est bien normal, d'où des palabres à n'en plus finir) de 300.000 à 500.000 résistants en 1944. Robert Owen Paxton, historien américain, propose le chiffre de 300.000 cartes de combattants délivrées.

En ce qui concerne la Résistance dans le Gers, les personnes les plus impliquées sont Fernand Mauroux, Ernest Vila, Georges Daubeze, Jean Bourrec, Massat, Mouché, Tourné, Lloret, Vilanova... J'en oublie. Ils distribuent le journal clandestin « Liberté ». Le fait le plus saillant, le plus dramatique se solde par le massacre du maquis de Meilhan, à la ferme du Priou, à l'aube du vendredi 7 juillet 1944. Ce groupe dirigé par le docteur Reynaud subit 76 victimes, Armand Lousteau de Miélan en fait partie. De très jeunes gens pour la plupart. Trop jeunes pour mourir.

1945, la « France année zéro ». Après le plus grand conflit armé de toute l'histoire, les 60 millions de morts sur la planète, scellent à jamais l'entrée brutale dans un monde nouveau en totale reconstruction. Les biens et surtout les âmes ne seront jamais plus les mêmes ! Les divisions politiques de 1939 ressurgissent avec violence, une lutte sans merci entre le Général de Gaulle et le Parti communiste représenté efficacement par le Haut-Pyrénéen Jacques Duclos et le nordiste Maurice Thorez.

Enfin des nouvelles de Jean. Sa femme le considère toujours disparu, mort pour la mère France. On dit la « patrie nourricière » ? Lui et ses compagnons sont libérés le samedi 3 mars 1945, par l'Armée rouge menée par le général Gueorgui Youkov (limogé vite fait par Joseph Staline en 1946). Avec des troupes de choc issues majoritairement de Mongolie. Le drapeau blanc hissé au matin du 4 mars 1945. Des mots entre les Russes, Ukrainiens, Français et Mongols pour fluidifier et organiser l'évacuation des prisonniers.

Un ensoleillement blanc et faible de quelques petites heures par jour, il pleut disons 1 jour sur 3, et plusieurs fois dans la même journée. Les pieds dans la boue. Les températures sont faibles, entre moins 1 et 8 degrés au grand maximum. Un printemps excellent en France, une chaleur inhabituelle pour la saison (20 degrés à Tarbes), sauf une gelée sévère qui va compromettre certaines vendanges.

À pied, il rejoint Varsovie sur 420 kilomètres de routes défoncées, de gens hébétés, de veuves par milliers, d'enfants ahuris. Des édifices en ruine, des squelettes de bois et de pierre, des lézardes béantes. Puis Odessa en camion, une ville portuaire de la mer Noire située au sud de l'Ukraine. L'escalier de Potemkine ou escalier Richelieu, qui ressemble étrangement à l'escalier monumental d'Auch, sans la fière statue d'Artagnan. Déjà les prémices d'un retour au pays.

Je ne sais rien d'autre, avec qui il est ? Que fait-il ? Dans quelles conditions vit-il ? Cherche-t-il absolument à correspondre avec sa femme ?

« ... au port d'Odessa, les américains et anglais devaient nous rapatrier, ils libèrent leurs hommes. Ils ne sont jamais revenus prétexte qu'ils avaient besoin de leur flotte pour la guerre du Japon. Il fallait 6 mois avant que les réseaux ferroviaires soient en état. Nous avons occupé les baraquements d'où étaient les américains. Gros stock de colis de la croix rouge qui nous a permis d'améliorer l'ordinaire... »

« ... on ne savait jamais quand la voie serait libre pour partir... ».

Le dimanche 5 août 1945, le premier convoi de prisonniers français part de la magnifique gare d'Odessa. Chaleur lourde, une atmosphère méridionale. Sur les voies de garage, la priorité est donnée à l'armée russe. Changement en Tchécoslovaquie, la voie ferrée étant plus étroite. Jean trouve le retour rapide, pourtant, il ne traverse le pont de Kehl à Strasbourg que le 25 août, 20 journées harassantes de transport, d'attente, d'espoir avant de fouler le sol français après 5 ans d'enfermement, de privations permanentes, de frustrations, de vexations, de mortelles inquiétudes. La perte de la notion du temps. Et sans jamais rien savoir sur son pays, sur ses terres.

Le 28, il arrive enfin à Paris, on lui donne une tenue américaine en échange de ses guenilles et de ses chiffons en fort mauvais état. Ils sont dirigés vers leurs gares respectives, région par région. Paris, Toulouse, Tarbes, Auch et pour finir la minuscule gare de L'Isle-de-Noé. Forcément seul à descendre du train. Nous sommes le lundi 3 septembre 1945, en fin de journée vers 21 heures 30. Quatre mois après la fin des combats! Un lundi, jour de marché à Mirande la jolie, sous-préfecture. Jean s'en souvient. L'air est épais. Il est las, incommodé, il a des difficultés à traîner son barda de douleurs.

« ... tout paraissait étrange sombre au crépuscule. Sur le quai une femme qui assurait les fonctions de chef. Je rentre seul à la salle d'attente. Une jeune fille les bras levés s'exclamme Jean, c'est toi ? Tu ne me connais pas ? Je suis Eugénie Vignaux, c'était la fille de mon ancien patron où j'étais resté pendant 10 ans. Je suis parti, c'était une gamine. Après 5 ans c'était une jeune fille, elle propose de me ramener. Elle a les larmes aux yeux ce qui paraît bizarre. Le chemin de terre puis 150 mètres à travers bois. Je me suis fait des doutes après avoir traversé la forêt. Un pré et me voilà, le chien aboie... »

« ... mon beau père et sa femme sortent pour gronder le chien. Ils sont surpris de mon apparition ils me pensaient mort. Ta femme est partie mais elle va revenir. Elle se présente devant moi me laisse pas parler. Me dit qu'elle ne voulait plus me voir après tant de temps sans de mes nouvelles, qu'elle avait refait sa vie en concubinage et qu'elle était enceinte de 6 mois. Et qu'il ne me restait qu'à rejoindre mon allemande

ou ma polonaise. Je lui explique la raison, après l'évasion de giraud... ».

Giraud, le kommando, le « Trait d'Union », le Stalag, la conférence internationale de Genève, Odessa... et toute cette merde. Tout ça pour ça !

« ... je m'attendais à une réception. Pour moi, ça été un coup de poignard au coeur. Le plus mauvais jour de ma vie, plus mauvais que toute ma captivité. Il en fallut de la volonté pour me retenir de me détruire... je passe la nuit dans la maison Vignaux qui m'héberge quelques mois. Le patron ne voulait pas me laisser seul dans ma maison natale voisine... ».

« ... le temps passe et par suite, j'ai repris mon travail d'ouvrier, et 1947 je suis décidé à me refaire un foyer avec une jeune veuve qui vivait avec ses parents âgés, son mari gazé est mort jeune. Elle exploitait sa ferme avec des ouvriers plus ou moins consciencieux. Ce qui l'a décidée à se marier. Ce qui fut fait le 24.4.47 union du malheur et l'un et de l'autre. Après 4 ans de mariage une fille prénommée Léa est venu égayer notre foyer. Et nous avons vécu une parfaite union... ».

Jean quitte donc son village natal pour Aux-Aussat, un charmant village propret aux confins du Gers, avec une vue souvent dégagée sur les Pyrénées. L'Aneto et l'épine dorsale de la Maladeta dont le glacier Nord crevassé brille par beau temps sec, les monts Maudits. On voit nettement l'Arbizon et l'antenne du Pic du Midi. Les baronnies gersoises, des petits prés verts comme parfois au Pays basque. Un coeur de bourg avec une placette, une école primaire fermée, une belle église Saint-Jacques, près du temple protestant austère qui sert aujourd'hui de dépôt de matériaux à Yves le salarié communal.

Les temps changent, pas le moindre protestant au pays. Ou alors, il se fait tout petit.

Jean se marie donc avec Marthe, née le 4 juin 1906, décédée le 19 janvier 1985. Quelques jours plus tard, l'ingénieur général de l'armement René Audran est assassiné par « Action directe » à La Celle-Saint-Cloud. L'Irlande remporte le tournoi des 5 nations, l'Olympique miélanais ramène le bouclier de Brennus 6 ans après son premier titre, Aux-Aussat exulte ! Marthe, une brave et douce femme, un petit bout de rien du tout. J'en garde un excellent souvenir, une pensée émue. Elle savait ce que bonheur voulait dire contrairement à beaucoup de nos contemporains qui n'ont jamais manqué de rien.

J'ai envie de vous citer (presque) tous les ouvriers de la famille : Maurice, Célestin, Marcel, Félicien, Jean l'Italien, François le Polonais, Jésus le Portugais, Adolphe et Anselmine, Albert, Ernest, Marinette, Josette, Jacques, Julien,… Parfois aussi mes copains Antoine, Jean-Louis, André et Picoulat pour rentrer le foin et la paille, entre 2 fêtes de village. Entre deux cuites au mauvais muscat chaud.

Marthe, 8 ans de plus que Jean, enceinte à 45 ans (plutôt rare à cette époque) de la petite Léa, tant aimée, tant désirée.

Après 2 ou 3 cures à Bagnères-de-Bigorre et plusieurs séjours à la clinique de l'Ormeau à Tarbes, il est épuisé, Jean ne survit plus au décès de Marthe. Malgré sa fille Léa, son gendre Henri et son petit-fils espiègle Rémi, aujourd'hui directeur d'un organisme stockeur de céréales dans le coin. Aussi un fils « adoptif » Pierre. Chez nous, on ne quitte pas la terre si facilement. On ne sait pas vraiment où aller.

Jean rejoint ses étoiles le lundi 13 mai 1991, à 77 ans. Un mois de mai glacial au début et très sec à la sortie. Seulement 4 petits degrés misérables au matin de ce 13 mai, 5 jours après avoir célébré l'armistice, le dernier de notre Jean. Cette année-là et ce n'est pas un détail, le championnat de France de rugby se dispute avec 80 clubs, groupes A et B. Bègles est champion de France en battant le Stade toulousain, équipe qui succède au Racing club de France. Je me souviens encore de cette énormissime bagarre mythique entre Toulon et Bègles en huitièmes de finale aller, au stade Mayol. Une incroyable tension entre les deux équipes. L'orgueil de tout un peuple, d'une jeunesse qui se rebiffe sur un pré avec des poteaux. À jouer sa vie dans une mêlée relevée.

3

Chaque été, Léa et Henri mettent à disposition trois chambres d'hôtes pendant le festival de jazz de Marciac. Pour rencontrer des gens et gagner quatre sous, sachant que les retraites agricoles sont dérisoires. Une 34ième édition 2011 très enlevée avec Ahmad Jamal, Macéo Parker, Richard Galiano, Dianne Reeves et bien sûr Wynton Marsalis, le parrain de l'école de jazz. Ce jeudi 11 août, le pianiste cubain Omar Sosa et le trompettiste américain Roy Hargrove enchantent le chapiteau qui engloutit le stade de rugby. Un feu d'artifice de notes musicales qui éclatent en plein ciel, pour retomber comme une pluie d'étoiles filantes sur les champs dorés de tournesol, c'est la saison. Ce festival est aujourd'hui l'un des plus importants au monde, sinon en Europe. On est très loin de l'origine avec Bill Coleman et Guy Lafitte, les deux amis reposent en terre gersoise, à Cadeillan pour le premier et à Tournan pour le second. Deux cimetières de rase campagne à 7 kilomètres l'un de l'autre. Échange trompette contre saxophone. La belle époque.

Le matin du 11 août, un ciel dégagé pleinement ensoleillé. À la fin du petit-déjeuner, au moment de présenter la note à sa cliente Viviane (trois nuits, du miel de châtaignier des ruchers de la Ronce, un pot de confit de canard, de la confiture de figues et quatre petites boîtes de foie gras), Léa se laisse aller à ses confidences poignantes. Le destin tragique de son père pupille de la Nation, la trace perdue du grand-père en 1915, depuis si longtemps. Léa taraudée par le passé.

Viviane est une habituée, elle ne quitte sa belle région qu'une fois l'an, pour la bastide de Marciac et ses musiques chaudement endiablées, ses solos qui marquent les oreilles. Une célibataire endurcie, la cinquantaine épanouie, professeur d'histoire et géographie au collège Jacques-Yves Cousteau à Séné, dans le golfe du Morbihan. Elle propose à Léa de consulter le site internet « mémoire des hommes ». Ce site est développé par le ministère de la Défense depuis 2003, il propose 1,3 million de fiches individuelles. Ces deux femmes se mettent immédiatement en recherche sur l'ordinateur, peu importe que le dernier café refroidisse, on ne sait jamais, il faut essayer.

En effet, en rentrant quelques informations simples (nom, prénom, date de naissance…), et très vite, le masque informatique les aveugle d'un encart on ne peut plus clair : « Edouard-Alban, 1914-1918, né à Lamazère 32, soldat 135ième RIT, décédé le 28.03.1915 Wargemoulin-Hurlus 51 cote 147 », plutôt située près de la ferme des Wacques.

C'est affreusement terrible. À partir de là, une seconde fiche est disponible : »... 135ième Régiment d'infanterie territorial, né le 03.04.1879, genre de mort : tué à l'ennemi, date de transcription 21.11.1916, commune d'inhumation : Minaucourt-le-Mesnil-lès-Hurlus, lieu d'inhumation : Pont de Marson, carré rang no de tombe : 6651... ». Le génie numérique qui peut nous agacer tout en apportant beaucoup.

Edouard-Alban, 2ième classe, matricule 7733, mort à 35 ans ! Léa ne peut retenir ses larmes contenues depuis des lustres. Jean répétait à l'envi, à qui mieux mieux, que son père était enterré dans la Marne, mais il ne connaissait pas le lieu. Il est parti sans le savoir.

Léa s'impatiente, elle tourne en rond comme un ours en cage, il lui faut se rendre sur place le plus rapidement possible. Sans doute pour faire le deuil. Elle se décide à monter là-haut (près de 900 kilomètres de distance) dès le dimanche 11 septembre toujours 2011. Décidément, les 11 septembre, ou plus généralement ce mois de septembre, ne s'oublient pas facilement. 11 septembre 2001, quatre attentats-suicides en moins de deux heures aux USA, 2977 victimes... Plus tard, catastrophe AZF à Toulouse le vendredi 21 septembre 2001 à 10h17, 31 morts et 3000 blessés… et beaucoup plus tard, le décès de mon père Roger le 11 septembre 2012, on lui a tenu sa grosse main de patriarche pendant quatre mois pleins. Une belle expérience d'une tristesse inoubliable.

Cette année est ponctuée par des événements lourds de conséquences : François Hollande vainqueur des primaires socialistes, Berlusconi s'en va, double attentat meurtrier en Norvège, révolution tunisienne, Fukushima... Aussi la mort de Steve Jobs, Vaclav Havel, Kadhafi, Ben Laden…

Le 11 septembre à la première heure, tout est fin prêt, la Peugeot grise 3008 toute belle, le GPS programmé. Une aisance paysanne en travaillant dur, en économisant. Ils traversent un bon bout de France : Auch, Montauban, Cahors, Brive-la-Gaillarde, Tulle, Limoges, Argenton-sur-Creuse surnommée « la Venise du Berry », avec sa rue Grande. Une halte fort appréciée, ce sont des vacances malgré tout. Réservation faite à l'hôtel le Cheval Noir, un ancien relais de poste, à 500 mètres du musée de la chemiserie et de l'élégance masculine. Un bel établissement sur 3 générations, avec simplicité et bonne humeur. Au menu du soir, les papilles s'ébrouent : carpaccio de betteraves, poêlée de queues de crevettes, la pluma de cochon ibérique, le parmentier de canard pour comparer avec le Gers, chauvinisme quand tu nous tiens…

Le lendemain, Châteauroux, Vierzon, une pause souvenir prévue à la Ferté-Beauharnais pour tenter de retrouver le lieu où Jean se fait prendre. Quasiment impossible à 2 ou 3 kilomètres près, entre ses écrits aléatoires et modulaires, les lieux imbriqués (près des étangs de Bièvre, la Grande Corbois, de Beaumont, de Pivardière ou de Malzone), et de nombreux travaux depuis la dernière guerre. Des routes et ronds-points qui perturbent. Des bosquets partout, les ruisseaux la Tharonne, le Néant. Comment s'orienter dans ce magnifique désert vert ? Il vaut mieux reprendre la route.

Neuvy-sur-Barangeon, La Vallée, vers Montargis, Sens, Troyes, Châlons-en-Champagne, Verdun, Somme-Tourbe et Sainte-Menehould pour finir. Laisser ses affaires, prendre les clés de la chambre 12 au logis-hôtel le Cheval Rouge. Une histoire de cheval. Puis direction le Pont de Marson, 20 kilomètres vite parcourus, l'estomac noué. Il y a aussi l'auberge du Pont de Marson en bordure de la forêt d'Argonne, célèbre pour ses pieds de cochon.

Les cimetières militaires de la Marne en Champagne : Maurupt-le-Montois, Mourmelon-le-Grand, Mourmelon-le-Petit, Pargny-sur-Saulx, Sainte-Menehould, Sellery, Ferme de Suippes, la Harazée à Vienne-le-Château, la Crouée, la ferme des Wacques, Saint-Jean-sur-Tourbe… Une effroyable comptabilité, une litanie insoutenable qui rend très mal à l'aise. Un esprit logique a de la peine à le croire.

Pas loin d'environ 37 nécropoles et monuments mémoriaux, plus les sites des Américains, Italiens, Polonais, Russes, Britanniques…

Le panneau du village Minaucourt-le-Mesnil-lès-Hurlus, village entièrement détruit le 25 novembre 1915, en particulier le hameau et la ferme de Beauséjour. 50 habitants aujourd'hui. À côté de Wargemoulin-Hurlus, 46 habitants, une église Saint-Étienne. À 2 km à vol d'oiseau, Massiges à 3 km, Virginy, Laval-sur-Tourbe et Saint-Jean-sur-Tourbe. Le quartier de Beauséjour dans le périmètre du camp militaire de Suippes, près de l'autoroute de l'Est. Un espace tout petit qui a connu la plus grande boucherie du dernier siècle.

La nécropole du Pont de Marson longe la route départementale 566 en direction de Massiges, placée sur l'ancien front de Champagne. Elle réunit plus de 21000 Français dont plus de 12000 en ossuaires, 21 soldats Tchèques et 2 Serbes ! La 2ième plus grande nécropole de la Marne, un triste palmarès.

Sous de trop nombreuses croix reposent parfois plusieurs corps impossibles à identifier, jusqu'à 5 ! La nouvelle entrée est située à l'angle de l'ensemble, légèrement en retrait de la route de Minaucourt. Un alignement parfait d'une forêt de croix. Les plaques de noms de couleur jaune colza au recto et au verso des croix blanches, des pierres provenant des ruines de l'église de Massiges, des ossuaires numérotés, des pelouses religieusement tondues, ça donne le vertige. Je pense à Pierre Lemaitre, prix Goncourt 2013 avec « au revoir là-haut ». Un récit poignant.

Ce 12 septembre, un timide soleil, un ciel partiellement nuageux, une pluie légère vers midi pour mouiller la terre, une température douce de 20 degrés environ. À cet instant, Léa n'a pas connaissance d'un courrier de Paris envoyé à sa grand-mère Marcelle le 28 mars 1923 (elle va découvrir bien plus tard d'autres informations capitales). Je vous livre cette correspondance du ministère de la guerre : « *pour permettre l'aménagement des cimetières de guerre, dans les conditions prévues par le décret du 25 septembre 1920, il a été nécessaire de déplacer la tombe du soldat Edouard-Alban du 135ième RIT décédé le 26 mars 1915. En conséquence, j'ai l'honneur de vous informer que cette tombe primitivement située au cimetière militaire de Wargemoulin T 142 a été transférée à Minaucourt canton de Sainte Menehould Marne où elle porte le no 6651, Pont de Marson le 21 mars 1923. Pour le ministre et par son ordre. Signé: illisible* ». Extrait certifié conforme par le Maire de Lammazère le 6 avril 1923. La juste froideur administrative, le court voyage d'Edouard-Alban. On peut remarquer que 2 dates de décès subsistent, les 26 et 28 mars ! C'est le 28 mars qu'il faut retenir.

Le tournis enivrant des statistiques. Les batailles emblématiques de Verdun et de la Somme. La journée la plus meurtrière de l'histoire, 27000 soldats français sont tués le samedi 22 août 1914, pour la Saint Fabrice. 70 % des morts et blessés sont victimes des tirs incessants de l'artillerie allemande… Une extermination stakhanoviste, un tir aux pigeons. La terre absorbe les hommes, la mort banalisée, apprivoisée.

Un gardien à l'accueil du cimetière militaire du Pont de Marson, un jeune gaillard au physique de talonneur de rugby, un gars du pays râblé aux sourcils épais, un cou de taureau et le regard offensif. Mais empathique et souriant, autant que faire se peut, compte tenu du côté dramatique des lieux : 21319 tombes sur 4,4 hectares. Chargé de la gestion, il prend le temps de les accompagner au pied de la tombe 6651. Quelle émotion après tant de conjectures finalement inutiles, des suppositions de tristesse ! Léa et Henri se retrouvent seuls, main dans la main, une génuflexion et deux prières, un « notre

Père » et un « je vous salue, Marie », un signe de croix, un dévouement simplement pieux. Un soulagement, l'impression bienfaitrice de ficeler une sacrée boucle familiale.

Dans cette nécropole, un mât aux couleurs nationales domine fièrement la place d'armes. L'entrée n'est jamais fermée à clé, pour favoriser les allées et venues. Les anciennes croix de bois ont été remplacées par du béton peint en blanc, depuis longtemps. Les tombes sont parfaitement uniformes, aucune distinction, pas le grade du combattant hormis l'inscription qui accompagne le nom. L'entretien des sépultures de guerre, une mission régalienne. C'est la moindre des choses.

Il faut se souvenir que la France avait décidé de regrouper les corps de ses soldats. La loi du 31 juillet 1920 permettait de restituer 240000 à 300000 corps, restitution gratuite aux familles, à la charge de l'État. Et plus surprenant, peu après la guerre, il y eut des exhumations sauvages, en pleine nuit, pour ramener les dépouilles dans les cimetières communaux !

On peut mesurer l'ampleur du désastre en parcourant les allées, quel gâchis ! Tant de jeunes hommes disparus, et pourquoi finalement ? Pour qui ? Peut-il exister une cause suffisante pour de tels sacrifices ? Certainement pas.

Le Sud-Ouest se retrouve en force dans le coin, beaucoup de Gersois : Jean Pérès de Jegun, Jean Agut de Pouylebon, Siméon Despaux de Saint-Michel, François Macary de Biran, François Dupuy de Peyrusse-Grande... et aussi Sylvain Duclos de Puydarrieux des Hautes-Pyrénées, le département voisin... Une union géographique bien surannée. Avec malice, je les imagine deviser au paradis des poilus, avec des mots gascons, avec un bon verre de rouge qu'on tire à même la barrique et qu'on ne lave jamais: « … adishatz, ba pla, hildépute, noundidiou, patac, pitchou, qu'es aquo, tchuquer... ». Des palabres qui sentent bon la moisson, les férias, les courses landaises, les repas de famille, le bouillon de poule, le lapin sur la braise et les vendanges. Les souvenirs de noyades à la jacqueline (grenadine, vin blanc et limonade) et au blanc limé avec du Sauvignon blanc sec.

De retour à Sainte-Menehould, entre Châlons dans la Marne et Verdun dans la Meuse. Une mairie imposante, disproportionnée, un beau massif de fleurs, tout rond avec deux niveaux de plantations. Une ancienne sous-préfecture, une ville particulièrement meurtrie par les guerres de 1870 et 1914, mais qui conserve une activité industrielle forte. Le tourisme se maintient grâce au patrimoine riche et à la forêt de l'Argonne. L'hôtel Le Cheval Rouge, effectivement beaucoup de couleur rouge. Le rouge sang. Sur les briques de la façade, dans la salle de restaurant, le grand bar en arrondi, les banquettes en cuir. Un établissement pittoresque du 18ième siècle, une cheminée monumentale en pierres de taille. Un véritable esprit de famille. Le repos du guerrier pour Léa et Henri, un peu de douceur dans ce contexte troublé.

Ce logis de France, rue Chanzy, propose la spécialité du pied de cochon à la Sainte-Menehould. Une belle carte réparatrice pour satisfaire les palais les plus fins : chaud-froid de foie gras, pavé de carrelet, ris de veau aux écrevisses, ventrèche de porc noir de Bigorre, sablé citron meringué… Le tout modérément arrosé avec un domaine de Parnay, un Saumur Champigny, un vin de Loire, un Cabernet franc sur graviers.

Léa, en guise de dessert : « … *j'ai retrouvé une partie de ma vie. Pour moi, c'était un devoir de me recueillir sur la tombe d'un grand-père méconnu... qui a beaucoup souffert et qui s'est battu pour nous... ».*

Après une nuit ponctuée par des insomnies, à se réveiller en sursaut, à ressasser, retour d'une seule traite à Aux-Aussat. Une courte halte à l'auberge « les amis de Diane », Grande rue à Ennordres. Petit village du centre de la France, dans le département du Cher. Pas le temps de visiter l'église Saint-Martin ou l'ancienne école du Gué de la Pierre ou je ne sais quoi.

4

Chez Léa, le temps passe, la vie reprend ses droits, la routine rassurante autour d'une famille unie et aimante. Tout le monde est en réussite, les enfants et trois petits-enfants, deux filles et un garçon turbulent. Des journées à faire les mêmes tâches selon la saison, pour améliorer l'ordinaire. L'heure d'hiver ou d'été, si prégnante dans une ferme, si évoluée soit-elle. Assez souvent, des réunions et des repas entre amis, l'hospitalité est reine chez elle, comme dans la plupart des maisons dans ce petit pays. Le café est toujours chaud, à n'importe quelle heure, avec les biscuits des Pyrénées ou boudoirs à tremper jusqu'à se mouiller le bout des doigts. On donne sans attendre le moindre retour. Dieu va reconnaître les siens. Du moins, il va essayer.

Une grave crise agricole vient sérieusement flouter et assombrir le tableau. Les éleveurs de viande bovine, lait et porcs ainsi que les céréaliers sont en grande difficulté. Un nombre de suicides affligeant (voir le film « Au nom de la terre » réalisé par Edouard Bergeon), un endettement jamais atteint, des revenus dérisoires, le glyphosate et les pesticides, l'agribashing (la France est la spécialiste de l'édification de ghettos inter-professionnels). Le véganisme ou végétalisme intégral, le CETA (accord économique et commercial entre le Canada et l'Europe),… Les mondes des champs et des villes qui ne se comprennent plus, qui ne se supportent même plus. Le diktat des minorités, la majorité pour le coup bien silencieuse.

En juin 2018, il pleut beaucoup dans le Gers depuis le début du mois, un soleil voilé par intermittence. C'est le grand nettoyage de printemps à Aux-Aussat, les lits sens dessus dessous, les couvertures aux fenêtres, les couettes au pressing pour préparer les chambres d'hôtes, le festival est déjà dans un mois et les réservations surgissent. Henri s'affaire ou se planque au jardin, il en fait toujours trop, il donne à qui veut bien ses salades scarole ou feuille de chêne, parfois des petits artichauts gris-vert délicieux s'il en reste. La maison brille de mille fleurs bien agencées, aucun espace n'est négligé, tout est « nickel chrome » comme disent nos jeunes.

Léa se décide enfin à vider entièrement la vieille armoire de ses parents. On ne jette rien. De vieilles couvertures en bon état, mais qui datent de Mathusalem, des serviettes de table et des draps brodés main, peut-être en lin. Aussi, du linge de toilette et le vieux rasoir électrique Philips de son père. Il a dû servir sur son lit de mort, pour une dernière toilette.

Au coin de cette chambre sombre, bien à l'abri des regards, une bonnetière en noyer faux style Louis Philippe, une seule porte grinçante avec une corniche irrégulière et un miroir simple non biseauté. Trois étagères en bois grossier, une grande enveloppe jaunie par le temps coincée entre le panneau du fond d'armoire et la planche du haut. Intriguée et inquiète pour le moins, Léa se recule, elle cherche la lumière naturelle pour l'ouvrir. Stupéfaction, cette enveloppe contient tout un dossier de son grand-père Edouard-Alban, elle n'en savait strictement rien, un secret maladroit ou pudique de son père Jean. Le contenu est édifiant : trois cartes postales, un cliché de mariage (l'auteur en est P. Frézignac, 28 rue Gambetta à Auch, capitale de la Gascogne) et surtout surtout une quarantaine de lettres envoyées à son épouse Marcelle et sa maman qui vivaient ensemble à Lamazère. Ces courriers sont envoyés du front entre le 6 septembre 1914 et le 24 mars 1915, juste avant sa mort. Beaucoup de papiers sur une période courte de 7 mois. À cela, il faut y ajouter 2 courriers du ministère de la Guerre, 3 photographies très nettes. Et 3 correspondances militaires des Armées de la République, cartes en franchise non datées (ou le cachet de la poste est illisible) pour Madame Marcelle couturière ou ménagère selon les humeurs du moment. Un détail, je suppose que le soldat n'écrivait pas son adresse car il s'agit d'écritures très différentes. Le tout en excellent état.

Comment imaginer ce que peut ressentir Léa ? Trouver une enveloppe mal fagotée, mais curieusement bien conservée, ignorée par les souris depuis tant d'années. Selon moi, elles n'aiment pas cette odeur forte de vieilles feuilles oubliées par les hommes, j'en conclus qu'une encre mêlée de sang et de larmes repousse le rat, et encore plus la souris. Le contenu est dans le désordre, tripoté fébrilement par Jean à la fin de ses jours, ses matinées sombres d'hiver. Parfois, mais rarement annoté au crayon-mine. Les lettres de l'oubli.

Quelques jours plus tard, Léa fait part de sa découverte aux archives départementales du Gers, route de Pessan à Auch. Ces services récupèrent le magot pour le numériser et le proposer aux visiteurs patients, aux chercheurs, aux généalogistes et aux curieux de tout poil. Le centenaire 14-18 arrive à grands pas, les fastes après l'horreur. Idem pour les journées européennes du patrimoine des 15 et 16 septembre.

Le jour-même, elle se dit qu'une nouvelle visite au grand-père serait une bonne idée, y aller seule avec ses amis Hervé et Danielle qui habitent Metz. D'une pierre deux coups.

Danielle est née aussi à Aux-Aussat, des amies d'enfance. Elle réserve d'ores et déjà un billet d'avion pour le vendredi 2 novembre, de Toulouse-Blagnac à Metz-Nancy, ou Lorraine Airport en Moselle. Il vaut mieux éviter la cohue du centenaire du dimanche 11 novembre, 8 jours plus tard. Hervé doit organiser le séjour, un garçon méthodique. Peut-être visiter une tranchée ou une reconstitution.

Mais il y en a relativement peu en Champagne Ardennes (Chattancourt dans la Meuse?). Dans le coin, les terres de la main de Massiges : gros entonnoirs de mines, tranchées de combat remises en l'état par des passionnés locaux. Des panoramas remarquables sur l'Argonne, la Meuse et le massif des Ardennes. Plus loin, la citadelle souterraine de Verdun et la tranchée des baïonnettes sur le site historique de Douaumont.

Dans ces tranchées, les soldats sont protégés (?) des armes légères et de l'artillerie. Deux camps face à face, le long du front fou et aveugle, séparés par de misérables fils barbelés enroulés à réparer toutes les nuits. Des pertes horriblement lourdes. La mort certaine pour les jeunes hommes qui escaladent le parapet en criant pour subir les gerbes de feu. Deux stratégies diamétralement opposées : l'attaque surprise des Français aidés par un canon rapide de 75 contre la puissance de feu des Allemands (obusiers et mitrailleuses). Inspirés par la guerre russo-japonaise, les ennemis construisent leurs tranchées de façon rigoureusement scientifique. D'une profondeur de 3 mètres, la visibilité n'est que de 9 mètres maximum. Imaginons la peur et l'inconfort de ces sinistres trous, véritables tombes à ciel ouvert.

On se bat pour rien, pour un lopin de terre, un taillis, une colline qui ne ressemble à rien, un vieux moulin délabré, une ferme abandonnée où il ne reste que le chien, parfois une carrière. Le lot commun d'une tranchée, la boue, les rats qui cherchent à manger, les poux, les mouches noires et bleues, les excréments…

Ces horreurs ont pour conséquences des séquelles psychologiques terribles (l'obusite par exemple) et sanitaires (dysenterie, gangrène, typhus, choléra…). Enterrer les morts entre les lignes est un luxe impossible, inimaginable. Incroyable comme l'homme peut s'habituer à tout, à toutes les ignominies, au déshonneur extrême, à la vilenie quotidienne.

Le pauvre fantassin français avec un fusil, une baïonnette, des armes de poing, un lance-flammes et des grenades. Plus rarement des équipements moyenâgeux comme des arbalètes d'un autre temps. Ne surtout pas oublier les dommages provoqués par les gaz : chlore, phosgène et gaz moutarde. Au tout début de cette Grande Guerre, un déséquilibre meurtrier. Les Allemands avec des casques à pointe, les Français avec un simple képi 1873 de couleur rouge, la visière noire. Un héritage militaire glorieux de la guerre de 1870. Toujours en retard d'une guerre.

Metz, des jardins tout le long de la Moselle et de la Seille. Une cathédrale gothique Saint-Étienne aux magnifiques vitraux, le musée de la Cour d'Or, le pont des Roches, le quai Paul-Vautrin et le centre Pompidou-Metz. La capitale pousse sa corne jusqu'en Lorraine. Les températures déjà fraîches, un froid qui picote légèrement. Hervé et Danielle habitent plein centre-ville, à l'angle de la rue du Prieuré et de l'avenue des Vosges. Une petite copropriété avec 4 propriétaires nantis et plutôt âgés, on sent la réussite sociale discrète mais solide derrière des volets lourds. Une résidence gentiment cossue, une porte d'entrée double battant de couleur rouge basque, un escalier de pierre et 5 chiens-assis de bois sur la toiture.

Le samedi 3 novembre 2018, un attentat contre la communauté chrétienne en Égypte. En Allemagne, l'extrême droite fait son entrée aux landtag aux dernières élections régionales. L'autoroute A4 les conduit d'un trait à Sainte-Mennehould, 150 kilomètres. Le cimetière militaire de Pont de Marson est quasiment désert, seul un vieux couple fatigué erre dans les allées. Le poids des ans et des émotions. Une veillée d'armes avant les cérémonies inutilement orgueilleuses du centenaire. Les médias ne parlent que de ça. Tout est propre, lisse, aligné, millimétré… Les croix innombrables ont reçu de la peinture blanche toute fraîche, toute virginale. Les plaques lustrées, tout devient lisible, évident, la mort est ordonnée. Il en est de même de la 6651, celle d'Edouard-Alban. Un beau pot de chrysanthèmes, des pomponnettes graines de bleuet prises chez Créazoom Evénement, fleuriste à Suippes, une dame costaude aux seins généreux. Une seconde Toussaint, des couleurs pour combattre le vert et le blanc. Tradition française répandue depuis le 11 novembre 1919 sur une idée de Georges Clémenceau, pour fleurir les tombes de nos soldats tombés au front.

Les pelouses, un véritable fairway de golf, l'envie de taper quelques balles sur les cibles en forme de croix, elles ne manquent pas. Le gardien n'est pas le même, c'est samedi.

À midi, Minaucourt-le-Mesnil-lès-Hurlus, repas sur le pouce à l'auberge du Pont de Marson, en bordure de la forêt d'Argonne, le menu du jour et de l'eau plate. Un restaurant traditionnel sympa, trophée d'or du pays d'Argonne pour ses pieds de cochon à l'ancienne. Visite de quelques tranchées de

Massiges en suivant, Léa traîne les pieds, fatiguée de ces paysages où la mort est omniprésente. On a la désagréable impression d'entendre des cris étouffés, des appels au secours de ces milliers d'âmes perdues à jamais. La nuit tombe vite, direction l'hôtel-restaurant Le Tulipier, à Vienne-le-Château, rue Saint-Jacques, 17 kilomètres par les routes départementales 66 et 267.

Un décor de boiseries ouvert sur la forêt. Un menu à 29 euros : crème de champignons, suprême de pintade avec une sauce poivre de Sichuan et un parfait glacé nougatine. Il vaut mieux éviter la trilogie de fromages et sa tulipe de salade. Le tout avec un Bouzy P. Louis Martin, le vin rouge tranquille et rare, le plus septentrional de France sous l'appellation Coteaux champenois.

Vienne-le-Château, un bourg de 500 habitants, du tourisme essentiellement mémorial : le camp de la vallée Moreau, la nécropole nationale de La Harazée, l'ossuaire de la Gruerie, la chapelle des poilus, les jardins de la paix…

Les jours d'après, Léa visite Metz avec ses amis avant de retrouver Toulouse et le brouillard de sa Garonne. Ensuite, Aux-Aussat le mercredi 7 novembre 2018. Une météo tout juste convenable, mais une douceur plus agréable que là-haut. Un effondrement de deux immeubles dans le centre-ville de Marseille. Léa est éreintée, rassérénée, apaisée.

Henri n'est pas remis de la défaite de la section paloise à Castres dimanche dernier, 37 à 10, une belle volée difficile à digérer. Son club de coeur, auréolé des couleurs vert et blanc depuis 1912 avec le pic du midi d'Ossau. Le vert représente les espoirs du club et le blanc la neige des Pyrénées béarnaises. Un maillot blanc à domicile et vert pour les joutes extérieures.

5

Noël 2019. Je m'autorise une pause salutaire pour la trêve des confiseurs ou des marchands. Une cure hygiénique au beau milieu des génocides guerriers qui plombent. Entre la vie de Jean et de son père Edouard-Alban, l'histoire est à venir.

Les villages et quartiers se parent d'illuminations municipales ou associatives scintillantes, clignotantes et même dégoulinantes. Pour que le beau cache le laid, les imperfections. Pour que les gens oublient les rigueurs avérées ou ressenties, les mouvements sociaux, la peur de la maladie, de l'échec.

Le temps est venu pour moi de se souvenir, de se retourner, de ne pas oublier les moments heureux et rares qui ne se reproduisent plus, sauf dans la tête. Une ouate de solitude.

Je me souviens du sentier escarpé qui serpente de Luchon à Cazarilh-Laspènes, face au Céciré. Je suis seul, mais vraiment souvent seul dans ma chambre modeste du Pyrénées Palace, d'un blanc étincelant avec sa marquise en ferronnerie verte, à l'angle du boulevard Tronc et de la rue Sylvie. Un magnifique hôtel 4 étoiles construit en 1913 par Edouard-Jean Niermans, la belle époque qui ne va pas durer bien longtemps. Architecte aussi de l'hôtel du palais à Biarritz, du Moulin-Rouge, du Negresco à Nice, du théâtre Mogador à Paris…

Luchon, la Reine des Pyrénées avec le tour de France, le festival de créations télévisuelles en février et la fête des fleurs fin août. Le croquignolesque golf de 1908,

Superbagnères et sa piste record entre les arbres qui s'évanouit sur la Crémaillère.

Le massif du Vénasque est pile dans l'encadrement de ma seule fenêtre, avec sa ribambelle de pointes acérées. La nature idéalisée. De droite à gauche, le Sauvegarde, la Mine, la borne frontière 332, l'aiguille Morin, les deux becs du Corbeau, la Frèche qui vient mourir sur la Pique. Le célèbre port de Vénasque, une brèche très étroite taillée dans la roche, avec le trou des chaudronniers de l'Aveyron, les ruines de la cabane de l'homme mort, ou l'homme des neiges, le refuge, les lacs cristallins de Boum, le trou du Toro source de la Garonne et le pèlerinage de l'Hospice de France et son musée montagnard.

Je me souviens de l'épopée tragique de Pierre Barrau, guide-berger local qui disparaît d'une glissade en 1824 dans la rimaye du glacier de la Maladeta, à quelques crampons du sommet de l'Aneto, à 3404 mètres, au bord du pont de Mahomet. Les glaces ne rendront les restes de l'infortuné guide que 107 ans après ! Sur les crêtes effilées, les gens murmuraient : « il est là le pauvre Barrau ». Au rythme du lent écoulement du glacier gravillonné.

Je me souviens des flâneries dans les rues de cette délicieuse station balnéaire d'un autre temps. Le casino à l'ombre de séquoias centenaires, la villa monégasque Luisa au style baroque tarabiscoté, la maison d'Edmond Rostand et son balcon, de Gustave Flaubert, de Clémenceau, de Guy de Maupassant, de Lamartine, de la princesse russe Narychkine et Alexandre Dumas, de Sacha Guitry, de François Mauriac, de De Heredia… Le pavillon Normand du début du 20ième siècle, la statue du baiser à la source transférée de l'Élysée. Les Parisiens n'en voulaient plus.

Je me souviens de contacts francs, bourrus et rassurants avec Maurice du Métropole (un double café chaque matin au comptoir, et le journal offert), avec Michel du bistrot des allées d'Etigny et ses côtes d'agneau. Il me faut reconstituer une famille pour supporter au mieux ces instants d'isolement. S'abrutir à la marche de tous côtés, monter et descendre. Réfléchir à je ne sais quoi, oublier les bisbilles de la vie, les paradoxes de nous tous.

La période récréative se poursuit en ces temps maussades. Je me souviens d'un poème sur le rugby, une guerre de tranchées amicale ponctuée de marrons, de bouchons, de crêpes, de caramels, de figues, de tartes… :

« Il est quinze heures, l'instant des vêpres
pas du tout, une orgie dure et loyale
pas toujours, sauf s'ils ont du savoir-être
un bon esprit et une humeur toute locale.
Le sport de vrais ou faux amis
où se baignent les bérets sur le crâne des papis
les seins nerveux qui s'agitent
pour un maillot, un ballon qui palpite.
Une passe, deux mêlées, trois touches
pour se mettre l'eau à la bouche
mais, que dire sur la troisième mi-temps
elle sera le plus sûr bon moment.
C'est de celle-là que l'on se souviendra
lorsque la jeunesse nous quittera
que de souvenirs, de lumières, de douleurs
n'est-ce-pas cela le vrai bonheur ?
Rugby, tu appartiens à mes jours
mais, mes nuits tu occupes toujours »

Noël 1959 est dans quelques jours, un vendredi, bientôt 6 ans pour moi, un grand garçon et pas la moindre idée de la guerre de 14-18, sauf un grand cadre poussiéreux pendu de traviole dans ma chambre, en face de mon lit. Une chose mystérieuse représentant mon grand-père héros malgré lui, des mots incompréhensibles, des bouts de drapeaux et deux breloques de combattants, une croix de guerre médaille de bronze.

Le 2 décembre 1959, le barrage de Malpasset cède brutalement sur les hauts de Fréjus pour faire 423 morts. Ce qui n'a rien à voir, une loi budgétaire du 28 décembre réforme profondément la fiscalité, les prélèvements obligatoires représentent déjà 30 % du PIB. Un autre texte juste avant le réveillon de la Saint-Sylvestre, la loi de Michel Debré du 31 décembre sur les rapports entre l'État et l'enseignement privé.

À la maison, aucune information, une île. Pas de journal, encore moins de télévision et pas de radio. Sauf cette année, ma grand-tante vient passer l'hiver chez nous, pour rompre sa solitude, nous aider à cuisiner et tricoter, à faire des réparations de couture, et se chauffer normalement. En contrepartie, elle vient avec son gros poste TSF (télégraphie sans fil), un Milano 2225 Blaupunkt avec trois haut-parleurs. La Révolution, la grande classe. Radio Luxembourg, RTF, radio Monte-Carlo, radio Andorre…

Je me souviens de ces moments avec beaucoup de tendresse, les moindres détails me reviennent. Le vendredi soir avant les vacances de Noël, je rentrais de l'école à pied en cherchant la lune et l'étoile du Berger au crépuscule des courtes journées. Cette étoile, la planète Vénus qui impressionne par son éclat. En passant lentement devant la maison des frères Esterez, Lecoq, Pellefigue et Carrassus. Les chaudes odeurs en pénétrant dans la maison, du feu de bois, des merveilles à cuire, de la daube qui mijote dans un toupin de terre vieux comme Hérode, de la gelée de coings, du chou farci sur les braises…

Je me souviens que j'avais obtenu la lourde responsabilité (la concurrence était certes faible) de couper un sapin au pré de l'Estaminat, sur la côte qui entaille le bois de Sainte-Dode. Plutôt un genévrier aux aiguilles piquantes, le poivre du pauvre. Le tout avec le vieux vélo vert de ma mère, une scie courbée qui ne sciait rien du tout et une corde de lieuse prise à l'étable. Le sapin tombait tous les 50 mètres, mais une mission reste une mission, rien ne pouvait m'arrêter ! L'arbuste dans un pot à graisse avec du sable ou des cailloux, sur le buffet fatigué au coin de la cuisine. Une étoile fabriquée maison, 3 guirlandes misérables et du coton hydrophile en guise de neige. Plus rarement, des bonbons accrochés avec de la ficelle blanche à rôti. Une empreinte carbone faible. Il avait de la gueule mon sapin. Enfin, je le croyais fermement. C'est idiot, mais j'ai fait ce fameux sapin quelques années après la disparition de mes parents, alors que la maison était désespérément vide et glacée comme une tombe.

Une vraie messe de minuit à minuit, la montée à pied sous la neige. Une nuit claire, froide et étoilée. Et mon père qui nous faisait prier à genoux pour le cadeau du lendemain, qui consistait en une boîte de chocolats bon marché, une grosse orange, une roue de brouette, ou une fourche à 4 pointes (pour le foin, la paille ou le fumier) selon les besoins immédiats de la ferme. La quincaillerie d'Aristide était notre magasin de jouets. Mon grand frère et moi étions les plus heureux du monde, il en fallait décidément peu pour nous satisfaire.

Au retour de la messe, le réveillon des seigneurs autour d'un grand feu, la soupe avec du vermicelle, de la saucisse grillée, de la daube, des merveilles à la fleur d'oranger et notre meilleur vin rouge tiré de la barrique en chêne. Toujours ces odeurs et ces bruits qui ne me quitteront jamais.

Tout le long des petites classes primaires, je prenais le repas de midi au café-restaurant de ma tante adorée. Plein comme un œuf tous les jours, avec des clients de partout, des salariés de l'abattoir, des impôts, des professeurs du collège, un expert-comptable passagèrement alcoolique, des maçons et des charpentiers un peu rustres. Des Italiens, Arabes, Portugais, Espagnols... Une micro-société en un seul lieu, la mixité sociale avec une bonne humeur permanente. Un grand comptoir de chêne massif sculpté de 3 panneaux : la course landaise, le rugby et les courses de chevaux. À boire, des apéritifs oubliés : Lillet, Picon, Dubonnet Pernod, Berger blanc, Byrrh, Saint-Raphael, Noilly Prat, Suze, Guignolet, Sève Carrère, Cinzano… Et la bouteille bleue d'eau de Seltz.

Mon oncle était un personnage reconnu, un garde champêtre devenu cafetier et socialiste à la vie, à la mort. Le verbe trop haut comme ses moustaches, des convictions comme il n'en reste plus, un amoureux inconditionnel de Sheila. Le Raimu local avec le gilet fendu d'une montre à gousset. Je revois tout, les banquettes en cuir rouge, le vieux téléphone en bakélite, le numéro 36 à Miélan, les parties de cartes, les tournées générales. L'odeur âcre de la Gauloise sans filtre et des cigares ninas. Très peu de femmes au bistrot en ces temps-là, surtout dans ce merveilleux trou gersois.

Le 25, pas la même musique, repas familial chez ma grand-mère maternelle. Une grande maison agréable et lumineuse. Le même cadre que pour l'autre grand-père, mais doré à la feuille de cuivre jaune. L'ouvrier dort dans sa chambre, pas comme chez nous où il dormait avec nous, la chambre des enfants. Un repas de riches avec le civet de lièvre, la dinde dodue et la bûche au chocolat mouillée de blanquette de Limoux. J'y restais quelques jours en vacances. Mon grand-père me faisait croire n'importe quoi, la pêche à la morue dans le ruisseau. Et il me montrait, sans m'expliquer, ses trésors chipés à la fin de la guerre de 14-18, un sabre de l'infanterie et un revolver modèle 1892, jalousement cachés dans la fournière.

6

En 1914, la puissance de l'Europe est à son apogée. Après la guerre franco-prussienne de 1870-1871, la révolution industrielle génère des conflits d'intérêts entre les magnats des mines et de l'industrie. Les empires coloniaux, les guerres balkaniques, une mosaïque de démocraties et de régimes autoritaires, les rivalités européennes provoquent des tensions bellicistes. Une poudrière savamment orchestrée dont le seul but est d'embraser le continent.

La France revendique l'Alsace et le nord de la Lorraine annexées en 1871. D'autre part, le déclencheur essentiel (il y en avait d'autres) repose sur l'assassinat de l'archiduc François Ferdinand (héritier du trône d'Autriche) et de son épouse Sophie Chotek, le 28 juin 1914 à Sarajevo, par un nationaliste Serbe de Bosnie, Gavrilo Princip, membre de la société de la Main Noire. D'où la déclaration de guerre de l'Autriche-Hongrie à la Serbie le 28 juillet de la même année.

Des soubresauts tectoniques permanents vont nous conduire à l'inévitable catastrophe que l'on connaît. Une logique guerrière indicible, pilotée à distance par les puissants.

Le 1° août, l'ordre de mobilisation générale tombe sur les mairies et gendarmeries de tous les villages de France, un télégramme officiel de couleur jaune, ordonné par décret par le Président Raymond Poincaré. Il concerne tous les hommes français âgés de 21 ans physiquement aptes. Une affiche d'un format relativement réduit de 1m par 0,75 environ. La moitié des hommes mobilisés sont des jeunes agriculteurs et des ouvriers agricoles. 56 % des Français vivent alors en milieu rural.

Ce même jour, une journée lourde et estivale, le lendemain de l'assassinat de Jean Jaurès à Paris par le nationaliste Raoul Villain (les thèses pacifistes ne payent pas), à 16 heures 30, le docteur Aristide Samalens, maire d'Auch reçoit cet ordre de mobilisation générale. Le 2 août, l'arrivée de l'encadrement militaire du 88ième à Mirande. Je ne sais plus si Louis Contencin est Préfet du Gers et Jules Cabrol sous-Préfet de Mirande à l'heure de cette brutale et injuste mobilisation. Peu importe. Ce que je sais, c'est que 6500 jeunes Gersois vont disparaître dans ce cloaque sans aucun sens. Et certainement pas partis « la fleur au fusil », la trouille au ventre les faisait chanter.

La 17ième région militaire autour de Toulouse mobilise 261000 hommes, 45845 ne sont jamais revenus (630000 veuves en France !). Edouard-Alban fait partie du lot. À ce moment précis, une fois la moisson presque réalisée, il termine son gerbier au centre de la cour de sa ferme, le temps le permet. Il doit déplacer une meule de gerbes au champ de Lulu, mais c'est trop tard, les cloches de Lamazère s'affolent. Les yeux trempés, il rejoint la mairie avec quelques camarades conscrits. Une nuit sans fermer l'œil, il ne sait pas que c'est la dernière dans des draps chauds, au contact de sa Marcelle bien-aimée. À entendre les grillons et les cigales des prés, la fenêtre largement béante. Départ sur Auch le lendemain à l'aube brumeuse, dans le train qui ramènera son fils en 1945. Quelle funeste précipitation !

Le jeudi 7 août 1914, le Président du Conseil René Viviani (député de la Creuse) fait afficher dans toutes les mairies un arrêté ordonnant aux trois millions de femmes « de prendre la relève dans les fermes, de terminer la récolte et de préparer les semailles d'automne ». Cet appel aux femmes françaises paraît dans le Figaro, journal peu lu dans nos campagnes profondes et oubliées. Une prémonition du film « les gardiennes » avec Nathalie Baye et Laura Smet, 1915 à la ferme du Paridier, un roman d'Ernest Pérochon.

Marcelle et sa maman sont dévastées, comment faire pour continuer à faire vivre la ferme de Mingecoque ? À Lamazère, il reste qui ? Des femmes éplorées, des enfants, des vieux éclopés et usés à la corde. Quelques rares domestiques qui se louent à la journée de ferme en ferme. Très peu d'immigrés dans le coin. Et le grand Roland qui n'a que sa main droite, la gauche arrachée et avalée par le moulin à farines l'an dernier, chez Andry au quartier Sainte-Fleur, un gros propriétaire. Un solide qui va rendre bien des services, malgré son penchant affirmé pour l'alcool, l'eau-de-vie blanche et le vin, rouge ou blanc.

Et le petit Jean ? Un bébé rondouillard de même pas 4 mois, dans son berceau fait de bric et de broc, un vieil oreiller comme moustiquaire, pour écarter les mouches qui adorent l'odeur du lait maternel. Et son père qui nous quitte pour combattre pour notre pays ! Mais, tout le monde pense que ce conflit va être très rapide, Edouard-Alban va rentrer vite, c'est sûr. Avis confirmé par le maire de Lamazère qui sait tout sur tout, puisqu'il a travaillé aux Postes et Télégraphes.

On ne sait rien du parcours d'Edouard-Alban les premières semaines, durant ce chaud mois d'août. En un mois, plus de 3 millions de Français rejoignent le front. Il faut attendre début septembre pour recevoir les premières lettres. Du 88ième de Mirande, il passe au 135ième régiment d'infanterie. Dès le 3 août, il reçoit son barda. Toute une affaire. Un équipement particulièrement lourd de 35 kgs environ : vêtements de rechange, trousse de couture, brosse à habit, bonnet de nuit, un sachet de pansements individuels, une baïonnette « la Rosalie », un revolver lance-fusée… Son uniforme a peu évolué depuis la dernière guerre, deux couleurs dominantes, un pantalon rouge garance de 1867 et une capote bleue (la cravate aussi) de 1877 avec une double rangée de boutons en cuivre très visibles. Une cible inratable, mais le képi rouge pouvait être recouvert d'une toile bleue depuis 1913.

Je passe vite sur le fusil Lebel, la gourde un ou deux litres, la cartouchière de 1886, les jambières et les brodequins.

Le 19 août, c'est déjà la débâcle, la reculade, l'armée va battre en retraite. Le maréchal Joseph Joffre, né à Rivesaltes « accuse les sudistes d'avoir levé le pied. Les hâbleurs du midi ne se battent pas ». Victorin Bès, surveillant au collège de Mirande revient sur l'entrée en guerre, dans ses carnets intimes : « … depuis le 4 août, l'épouvantable fléau contre lequel luttait Jaurès est déchaîné. Nous sommes de doux agneaux attaqués par le loup. Après les chants, les musiques militaires, le canon a tonné. Même si la structure capitaliste des nations et la Paix armée sont moralement responsables de l'état de choses actuel... ».

Au pays, les arsenaux sont débordés à Tarbes et Toulouse. C'est aussi vrai pour Lannemezan, Villefranche-de-Rouergue, Albi et Bagnères-de-Bigorre. Autant de bras valides qui manquent cruellement au monde paysan.

À Lamazère, une grande solidarité s'instaure tout naturellement, sans rechigner. Tous les travaux urgents se font de ferme en ferme, la fin des moissons sous un ciel noir et orageux. Puis, le battage où tout le monde fait semblant d'être heureux, sans trop parler, ni penser aux soldats enfants du village.

7

Parmi la quarantaine de lettres dégotées par un heureux hasard par Léa, au fin fond d'une armoire, je vous livre la première, lisible et datée (Aix-en-Provence le 6 septembre 1914) :

« chère Marcelle et chère Maman

n'ayant pas reçu de nouvelles il y a quelques jours. Sur une lettre que je vous avais écrite, je suis à me demander, si vous me faites réponse, ce serait un grand plaisir pour moi d'en recevoir le plus tôt possible. Quant à moi, je suis toujours en bonne santé. Il y a mon porte-monnaie qui continue à se vider. Je fais le moins de dépenses possibles, mais je suis obligé avec la nourriture qu'on nous donne. Je fais des mauvais repas, il y a bien suffisamment, mais toujours du mouton. Mais, mon estomac n'en veut pas. On fait la cuisine en plein soleil.

Si vous pouvez, je veux bien une trentaine de francs. Je crois que nous allons quitter Aix-en-Provence. En recommandé, ça vous coûtera que 3 ou 4 sous.

À mon retour, je ferais tous les efforts possibles pour nous relever. Il faut croire que la guerre se finira bientôt. Mes compliments aux voisins, j'ai peur de leur écrire, je ne connais pas bien l'adresse.

Rien de plus à vous dire. Je vous embrasse 1000 fois de cœur et surtout le petit Jeanou ».

Edouard-Alban n'a pas la chance de bénéficier d'une première permission agricole. Il n'ose pas demander. On est bien loin de l'affiche « terre cultivée, terre nourricière » de Victor Prouvé (dessinateur, affichiste et moraliste) chargé de propagande à l'école et dans les villages, prônant la production de pommes de terre facile à cultiver par les enfants. Le blé manque pour fournir les boulangeries et les hospices du coin.

(Aix-en-Provence le 10 septembre) : *« Chère amie et chère maman, vous me dites que vous avez reçu une lettre de mon frère, je lui ai écrit le 25 Août, je n'ai pas eu de réponse. Je vous avais demandé une trentaine de francs pour me faire blanchir les tricots et les chemises, me les faire laver sauf les mouchoirs. Pour les travaux, faites au mieux. Je vous embrasse 1000 fois et surtout le petit Jean »*

Le 16 septembre *: « Ton ami Edouard-Alban, chère Marcelle et chère maman.*

C'est avec grand peine et chagrin que je vais répondre, que vous me demandez où puis-je avoir dépensé tout cet argent. Après les fatigues que nous endurons chaque jour, 25 km et davantage, avec 25 kg sur le dos sans compter le fusil... Je suis fatigué depuis que je ne suis plus dans mon lit fraternel... On nous dit que nous allons nous diriger vers Dijon. Merci pour les 20 francs, ils sont arrivés à bon port. Au retour, je ferai tous les efforts pour économiser.

J'espère que vous pouvez vous nourrir, aussi le petit Jean. Vous me donnerez des nouvelles de mon beau-frère et cousins... ».

Le 20 septembre *: « .... Je vous ai écrit deux fois à nos frais et je n'ai jamais eu de réponse. Au moment où vous* *recevrez cette lettre, je ne serai plus à Aix, nous partons dans 2 jours du côté de Paris, peut-être Bordeaux. Ne vous faites pas de mauvais sang, nous ne sommes pas pour aller au feu. À moins de maladie, je vais rentrer sain et sauf. Vous n'avez pas besoin de croire que je fais la noce. Les rations de viande sont petites et le pain comme un caillou. On dort sur la paille, et encore sur les carreaux…* ».

Une lettre illisible de Tours le 26 septembre. Alain-Fournier est tué au combat le 22 dans le bois de Saint-Rémy. Sous-Lieutenant au 88ième de Mirande. Son immense roman le Grand Meaulnes sort en novembre 1913.

Dans notre grand Sud-Ouest, les petites propriétés souffrent d'un parcellement extrême, une polyculture seulement vivrière. Un beau pays à peine désenclavé par le chemin de fer d'Agen à Tarbes. Selon la nature des terres, on s'esquinte à cultiver le blé, l'épeautre, l'orge, l'avoine et le seigle. Quelques vignes pentues avec leur maisonnette de tuiles canal rouge. Des bovins de travail et de boucherie, des porcs et la basse-cour caquetante. Une misère accrue douloureusement par la guerre.

Un feuillet déchiré, troué, posté de « *La Gonesse à 20 km plus loin que Paris* ». C'est le jour de la rentrée scolaire, le ministre Albert Sarraut écrit : » je désire que le jour de la rentrée, dans chaque classe, la première parole du maître aux élèves hausse le coeur vers la patrie, et que sa première leçon honore la lutte sacrée où nos armées sont engagées ».

Le 7 octobre 1914, le lieu est griffonné : « *… je vous écris le soir en revenant de faire les tranchées. Nous avons plus envie de dormir que d'écrire. Tu me fais des reproches que je ne mérite guère concernant l'argent, tu dis que je dois* *en fournir aux autres à Laffargue et Bistos que je ne vois plus. Ils ont beaucoup plus d'argent que moi. La guerre est commencée, j'ai traversé une ville brûlée pas les allemands. Le vin est très cher, j'en achète très peu figurez-vous. Nous ne sommes pas très heureux. Si vous voulez pas m'envoyer d'argent, je voudrais un tricot de laine et quelques paires de bas. J'ai été heureux de recevoir des nouvelles de mes camarades, il est vrai, ils sont un peu en danger. J'espère les revoir, ce sera le plus beau jour de ma vie. Vous me dites que vous avez battu le trèfle et le lotier, qu'il n'y avait pas de prix pour s'en défaire, et bien, il faut le garder pour une autre année. Ton ami Edouard-Alban ».*

À Lamazère, les deux femmes s'activent au jardin dès qu'elles ont une minute. Surtout les jours où le petit voisin Adolphe (on est sans nouvelle de son père parti à la guerre) n'a pas école, le jeudi et le dimanche. Il est au cours élémentaire où il dessine les pleins et les déliés avec sa plume, en économisant l'encre violette devenue rare. Il vient garder les vaches au pré de Cau, au bord du champ de Carambat. Il rend bien service avec sa petite bouille ébouriffée. Ce qui évite au petit troupeau de rentrer dans le champ du père Andry qui n'est pas bien commode.

Déjà l'humidité des nuits d'automne après la chaleur de l'été passé. Roland apporte son aide pour les travaux plus pénibles. Le temps passe vite. Beaucoup de choses à faire : repiquer les chicorées frisées, semer les oignons et les poireaux, le persil en pot. Récolter les pommes de terre et les laisser à l'air libre sur place, les pétioles de rhubarbe. Isoler les citrouilles du sol en glissant une tuile ébréchée en-dessous. Continuer à vider le verger : les mûres, les poires, les coings, les pommes et les prunes pour faire des tartes et des confitures ou de la gelée. À faire cuire tout doucement dans une bassine en cuivre et un bâton de bois pour remuer, éviter qu'elle s'attache au fond. En octobre, ne pas oublier de planter l'ail violet, l'oignon blanc, et semer les fèves et les petits pois. Très important en ces temps de disette destructrice. Et penser à rentrer les haricots secs à écosser, de couleur jaune pâle avec parfois des zébrures roses.

Le 30 octobre, lieu ? : *« ... Je vous remercie infiniment pour les petits paquets, chemises, bas, tricots et tablettes de chocolat. Ici, il fait très froid, ce qui me réveille la nuit et je marche un peu pour me réchauffer. Soignez-moi bien le petit Jeanou. J'avais oublié les caleçons, les pommes et les poires. Certaines nuits, impossible de vous écrire car je suis aux tranchées à la belle étoile. Je n'ai pas vu Burgade Bistos depuis un mois. Vous me parlez des semences, faites-vous aider par les voisins. Tu me dis que le petit Jeanou se met en colère pour la moindre des choses, sitôt qu'il aura un peu l'âge de raison, il faudra tâcher de le corriger... ».*

Le 16 novembre *: « ... Je suis heureux que Jeanine ait une fillette bien éveillée. Ce qui est fâcheux, c'est que Jules n'a pas pu y assister. Tu me parles de ton allocation journalière, je ne puis vous en dire grand-chose... Vous me dites que vous avez ensemencé le champ de Marianne, et derrière l'Osse, dans la boue. J'espère bien rentrer avant le mois de mars pour faire de l'avoine... ».*

Le 29 novembre *: « ... Je pense bien que les hommes doivent commencer à s'éclaircir dans la commune, la classe 95 et 94 sont venus nous rejoindre. On m'avait dit qu'on avait rappelé aussi la classe 92 et 93. Je n'en connais aucun sauf Labarthe de Saint-Elix. Ici, dans la Marne, nous avons un sale* *temps, des brouillards et de la neige. Toujours aucune nouvelle de Jules et de mes beaux-frères. Ton cher époux qui pense toujours à toi, et surtout n'oublie pas le petit Jeanou ».*

Cet automne, les nuits sont longues et fraîches, de fortes averses en journée, ce qui contrarie les semailles. Pour une fois, peu de champignons. Quelques rares cèpes, girolles ou oronges que personne ne ramasse, par peur de s'empoisonner. Des rosés des prés. Mais, il y aura des noix et des châtaignes, à cuire à l'eau avec une feuille de laurier,ou au feu de bois avec une poêle trouée et du vin nouveau encore sucré, le bourret. Adolphe peut s'en remplir les poches pour les manger à l'école ou les échanger contre des billes en terre ou du chocolat avec un enfant de riche.

Marcelle rédige son courrier au coin de la cheminée, après avoir fait la vaisselle de la journée, sa belle-mère tricote des chaussettes et un bonnet, et c'est elle qui dicte. Surtout quand on parle de travaux à la ferme et d'argent. Un sou est un sou. Les draps humides et épais sont chauffés par un moine en bois, avec le poêlon de braises recouvertes d'une fine pellicule de cendres. Ou un caillou de la rivière avec du papier journal. Roland donne la main pour rentrer le bois pour l'hiver, le remiser sous la grange avec les fagots. Il donne un peu plus que la main à certaines femmes seules du village, disent les langues de vipère. L'homme est rare, donc recherché. Il porte aussi un sac de blé au moulin tout proche, quand il n'a pas sa mauvaise lune.

Les lettres sont irrégulières, ce qui laisse tout imaginer, surtout le pire. Cette inquiétude obsède les nuits des femmes. L'attente du vieux facteur est une heure d'anxiété. Les lieux sont rarement mentionnés, le soldat est difficile à suivre. Et le courrier d'Edouard-Alban est doublement scruté, par ses supérieurs et par sa mère qui contrôle tout, peu d'intimité. Ce qui est fort préjudiciable au moral du soldat.

Au village, la messe du dimanche permet de donner des nouvelles des siens ou d'en demander. Les palabres à la sortie, le gamin dans les bras, sont plus longues que l'office religieux proprement dit. Souvent, ces choses-là sont fausses ou tronquées. Un tel est touché, mais on ne connaît pas la gravité de ses blessures. Les silences sont parfois lourds de sens, de sourdes souffrances.

Quelques bribes de lettres en ce début décembre 1914 : *« ... je suis heureux que Jeanou commence à dire papa et maman... vous avez vendu un veau et 2 mesures de fèves, vous me parlez aussi de vente de bois, ce sera une grosse somme... le mandat de 20 francs est arrivé à bon port... par contre, le colis arrivera 4 à 5 jours après la lettre. Je vous écris quand je reçois le jambon, le saucisson et le chocolat... ».*

Le 18 décembre : *« ... c'est maintenant que je reçois votre colis, le papier à lettre a souffert de la graisse du jambon, je vais l'employer faute d'autre chose. Ici, il n'y a rien, pour aller chercher du vin, il faut faire 4 kilomètres aller et revenir, donc 8 au total, et encore le payer très cher. Il pleut tout le temps, quelle maudite guerre. Je vous ai envoyé un colis avec du linge sale, vous allez le recevoir à la gare. Pas d'eau, pas de feu pour faire sécher. Tante Marguerite m'a envoyé un paquet contenant un passe-montagne tricoté à la main, 2 paquets de tabac bleu, du papier Job et un crayon. Je met le passe-montagne quand je suis sentinelle. Toujours pas de nouvelles de Jules. Adresse secteur frontal no 38... ».*

Le 23 décembre : *« ... réponse à votre lettre du 12 décembre. Nous souffrons de l'humidité, jamais une belle journée sans pleuvoir et la nuit à la belle étoile. La guerre est rude et je ne sais pas quand ça va finir. Tout était excellent dans ce colis. Je n'ai qu'une chemise propre pour me changer et mon pantalon rouge est déchiré. Vous me dites que Burgade a demandé l'argent de la faucheuse d'ici la Saint-Jean avec les intérêts. Je ne savais pas que Jules était blessé et qu'il allait rentrer bientôt chez nous. Albert Peres va bien, il me dit que certains régiments obligent les soldats à ne pas dire où ils se trouvent. Le village doit être bien vide, Saint-Vignes va partir à l'âge de 48 ans, c'est moche... Bonne et heureuse année 1915, en l'espérant moins dure que 1914 qui va être à sa fin. Ne m'oubliez pas après le premier de l'an... ».*

Noël 1914, la chapelle est vide de jeunes hommes, ce qui s'entend aux cantiques habituels « minuit, chrétiens » et « il est né le divin enfant ». Ces chants les invitent plus au recueillement qu'à la joie, l'espérance se dévoile avec douleur et ferveur.

À la ferme, une seule distinction, une belle couronne de gui blanc accroché au linteau de la porte d'entrée. Et le houx en bouquet sur la table de la cuisine. Les deux merveilleux seuls cadeaux de la nature du bois tout proche de la maison. Un ersatz de porte-bonheur pour toute la famille.

Le thermomètre a chuté brutalement hier matin, un peu de glace dans les flaques, avec des reflets d'argent. Une belle gelée blanche sur le chemin herbeux, qui plonge le quartier dans le silence. À certains endroits du front, une trêve de Noël avec quelques brefs cessez-le-feu, surtout à l'ouest au moment du réveillon. En particulier entre les troupes britanniques et allemandes. Aucun média allemand ou français n'ose relater cette trêve, ce moment de fraternisation où « un peu de joie flotte dans l'air et la neige semble moins froide ».

Le vendredi 25, sont invités le fidèle Roland et les deux tantes veuves, Alphonsine et Agnès. Au menu, un potage à base de bouillon de volaille, une pintade rôtie avec une lichette de graisse d'oie, des mandarines, des dragées et des pralines aux amandes. Un vrai repas de fête même si le cœur n'y est plus. On se raconte des histoires d'autrefois, quelques rires salvateurs au deuxième litre de vin. On boit à la santé des absents qui souffrent sans trop savoir pourquoi.

Le 29 décembre : *« .... ne vous faites pas du mauvais sang, je vous écris tous les 3 jours en rentrant des tranchées, ne me négligez pas dans vos correspondances. Il fait sombre dans la Marne et je suis en excellente santé. Pour l'étrenne du premier de l'an, vous pouvez me l'envoyer, je manque d'argent. Depuis 3 mois, j'ai 3 jours de repos et 3 jours de tranchées pour repousser les allemands... Le temps est long, les jours sont des mois, et les mois des années. Le gouvernement nous a donné des noix et une bouteille de champagne pour 6, pas de quoi se soûler. J'ai appris que le frère à Marguerite avait accompli un acte de bravoure, qu'il allait recevoir la médaille militaire. Les tranchées sont des ruisseaux, les champs des marécages, nous ressemblons à de véritables cochons. Nous n'avançons, ni ne reculons. Ton cher époux qui t'envoie ses plus tendres baisers ».*

Le 9 janvier 1915 : *« ... Merci pour le colis de vêtements, le flacon de jus de coings et les poires. Pas facile d'écrire sur les genoux, à l'abri, je suis dérangé pour un rien. Le métier de la guerre est trop dur. Beaucoup de compliments aux voisins et amis... Le mandat va me rendre un grand service pour acheter quelques litres de vin, pour soutenir mon estomac. J'ai beaucoup de fatigue et besoin de sommeil. Merci pour la boîte de fer blanc avec 2 magrets et du papier lettre. Le réveillon n'a pas été bien beau, j'étais sentinelle devant cette bande de barbares. Ce qui m'a causé le plus de peine, c'est que Jules n'est toujours pas rentré. Tu as encore oublié de me donner l'adresse de Louis Capdecomme. Tu peux me faire acheter des sabots chez Pomiès, parce que les siens me vont bien pour moi. Je vous embrasse de tout cœur, et surtout le petit Jeanou qui ne va pas me reconnaître ».*

Le 21 janvier : *« ... j'ai tout reçu et je vous en remercie, sauf le foie gras qui était un peu moisi. En le raclant un peu, je l'ai trouvé très excellent. Nous sommes au milieu de l'eau, de la boue, c'est horrible à voir. Hier soir, je n'arrivais pas à reconnaître mon camarade Ballas tellement il était sale. Ce qui m'a un peu vexé, c'est que tu me fais le reproche de ne pas avoir dit que mon frère m'avait envoyé 20 francs, mais je vous l'avais annoncé la semaine dernière. Je n'ai toujours pas l'adresse de Saint-Martin et Capdecomme, vous me dites qu'ils sont à Chalon, à peu près à une vingtaine de kilomètres.*

Il me tarde tant de voir le petit Jeanou, aussi mes 2 beaux-frères dont tu ne me donnes jamais de nouvelles. Je compte toujours sur votre bonheur...

Merci pour le tricot, le flacon d'eau-de-vie qu'on a trouvé délicieuse. Je regarde votre photo avec Jeanou, ça me fait oublier mes peines, et mes camarades qui luttent en première ligne. Le temps est toujours pluvieux et lugubre. Nous allons au travail toute la nuit. C'est bien que la petite fille de Jules s'appelle Berthe, Marguerite et Paule. Mes compliments aux voisins de Monclar... ? ».

Le 26 janvier : *« Chère Marcelle et chère Maman.*

J'ai eu beaucoup de peine en apprenant que mon beau-frère Isidore avait été blessé de nouveau, malgré tout, son amputation a très bien réussie. Quant à Jules, tu me dis qu'il est rentré en convalescence. Il doit être bien content de se rapprocher de sa petite famille. J'espère que la douceur, la joie et le plaisir permettront sa guérison. Tu me dis que l'oncle Aubian a eu l'extrême onction. Et toujours pas de nouvelles de Paul. Il est peut-être prisonnier dans quelque coin de l'Allemagne.

Tu me recommandes beaucoup de choses, par rapport à ce que je dépense. Nous vivons ici comme de vieux humains... ».

Le 2 février : « ... *Merci pour les sabots, c'est mieux pour les tranchées, parce qu'avec la boue et l'eau que nous avons dans les boyaux, les souliers ne sont pas chauds, ce ne serait pas trop tôt que le beau temps arrive enfin, il y a beaucoup de malades. On subit de cruelles épreuves. On fait courir le bruit que la guerre va finir bientôt. Au bout de 6 mois, il nous tarde de pouvoir rentrer dans nos pauvres familles. Et que nous n'avons pas besoin d'Histoire de France pour nous rappeler la fin de l'année 1914, et le début de 1915 qui nous coûte tant de millions, et les milliers de camarades que nous laissons sur le champ de bataille.*

Jamais de la vie, faut espérer que la France ainsi que nos plus chers bébés ne reverrons chose pareille.

Je vais quitter le camp de Chalon pour aller tout près d'un village du nom de Warge Moulin qui se trouve aussi dans la Marne. Village complètement envahi par ces traîtres de cette sale nation d'allemands. 2 autres villages avec des décombres de pierres et de tuiles, c'est horrible et désastreux à voir. Je ne sais pas comment vont-ils faire, ceux qui sont en vie, quand ils vont rentrer chez eux.

Il n'y a plus personne dans le pays. Je suis au milieu d'un bois de sapins, dans deux petits gourbis creusés dans la terre, et recouverts de branches avec 10 cm de terre par-dessus. Je n'ai pas besoin d'argent pour acheter du vin, ni même rien du tout, il n'y a strictement rien.

Je suis déçu, je pensais qu'on allait nous mettre au repos après les tranchées. Ton frère Isidore m'a écrit, il en avait encore pour 2 mois à rester au lit, mais son amputation a très bien réussie, et que ce n'est pas dangereux. Voilà le résultat de notre lutte contre ces barbares... ».

En vrac, les évènements de ce début 1915. Le mercredi 13 janvier, un tremblement de terre fait 29000 morts en Italie, à Avezzano dans les Abruzzes. Le 19 janvier, premiers bombardements de civils par un zeppelin en Angleterre. On commence à se battre dans les Vosges, sur les terres du Hartmannswillerkopf.

Le 20 janvier, exposition de Henti Matisse à New-York, il passe par Collioure en 1905, chez la famille Pous à l'hôtel des Templiers, ex maison Fontano. Avec les Derain, Dufy, Maillol, Picasso et Survage. Le chemin du fauvisme.

Le 24 janvier, la flotte britannique résiste à merveille. Le 31, on utilise pour la première fois des gaz toxiques (bromure de xylyle) à Bolimov, en Pologne.

Le 4 février, début de la guerre sous-marine dans les eaux de la Manche et de l'Atlantique. Les premiers avions armés d'une mitrailleuse fondent sur les populations apeurées et innocentes.

André Citroën obtient une commande d'un million d'obus de 75, il place ses usines au quai de Javel à Paris...

À la ferme, plus terre-à-terre, c'est le tue-cochon en ce mois froid de janvier. Tempête de neige à Toulouse le 30 janvier, moins 14 degrés. Fortes chutes de neige dans les tranchées du nord après de nombreux jours pluvio-neigeux. Ce n'est vraiment pas la joie, à vrai dire.

Aussi le 30, journée ou fête du cochon, un porcelet acheté chez Andry qui profite un peu de la guerre pour s'enrichir encore plus. Puis, engraissé à tout : farine, lait, pelures de pommes de terre et de citrouilles, courgettes, céréales... Une véritable poubelle, l'idée même du recyclage de déchets. Trois jours ne sont pas de trop pour le sacrifice du porc, pour permettre à la famille de survivre toute l'année à moindres frais.

Le premier jour est réservé aux hommes forts. Roland et 2 petits cousins de 14 et 16 ans fraîchement sortis de l'école. Plus le tueur Louis Vignaux pour pendre la bête, l'égorger en coupant la carotide, récupérer le sang pour que les femmes fassent du boudin noir (sang, couennes, oignons, lard, persil, ciboulette, sel et poivre gris), le placer dans une grande maie en forme de barque, l'ébouillanter pour lui ôter la soie et les ongles, lui retirer les abats (tripes, cœur, foie, poumons, rognons,…). Il est pendu toute la nuit sous la grange, assez haut pour le protéger des velléités des chats et des chiens. Une solide poutre maîtresse pour supporter 160 kgs au bout d'une chaîne. Le soir, un gros repas est organisé au Mingecoque autour des tripes blanches grillées, de l'estomac ou de la panse avec force ail et persil et d'un gros morceau de souris bien juteux. Une soirée plutôt masculine à l'inverse du plumage des oies où les femmes reprennent le pouvoir.

Le jour suivant sert à la transformation, le tueur prépare les jambons, les longes, les échines et les ventrèches. Les morceaux avec du sang pour le pâté, chacun sa recette ; les autres pour la saucisse et les saucissons.

Le troisième jour est consacré à la saucisse, tout récupérer pour ne rien perdre, et la faire sécher sur le bâton du chai, ou près de la cheminée. Une orgie d'odeurs à couper au couteau, de graisse, de feu de bois, de viandes, de poivre, de fritons,…

8

Sur son île sanglante de la Marne, Edouard-Alban poste au moins une vingtaine de lettres en deux mois, entre février et mars 1915, ce qui trahit son inquiétude grandissante dans ce paysage de mort, de désolation.

Le 9 février : *« .... ma nouvelle adresse est secteur postal 137. J'ai besoin de fil pour réparer mes guenilles, pas d'autres choses. Ici, on ne croise jamais personne. Ils sont tous morts ou partis...*

Je n'ai plus de nouvelles de vous autres, je crois que le courrier a beaucoup de retard...

Tu me dis que l'oncle Aubian est atteint de la gravelle, qu'il voulait aller à Auch pour se faire soigner tant il souffre beaucoup. Tu me parles des cultures, faites au mieux. Jean Bégué m'a envoyé une étrenne, j'avais oublié de vous le dire, c'est de ma faute. On se trouve au milieu des sapins, le capitaine m'a dit que nous allions être relevés bientôt. J'ai reçu votre poulet pour faire Carnaval, il a été le bienvenu. Mais, je ne passe plus à proximité d'une gare pour vous envoyer un ballot de linge sale.

J'espère bien que vous ne m'oubliez pas. Je ne me plains pas de l'ordinaire, le pain ne nous manque pas et c'est une grande chose. Tu me pardonneras pour l'écriture, je n'y voyais pas bien... ».

Le 22 février : *« ... je fais réponse à ta lettre du 14 que j'ai reçue avec une grande joie, tu ne peux pas te figurer le vif plaisir que j'ai éprouvé en voyant le petit Jeanou, si beau avec ses yeux si éveillés. Ainsi que toi, ma chère Marcelle. Toute la nuit du 21, je n'ai fait que rêver. Il me semble toujours te voir et t'entendre. Trop de distance nous sépare, nous ne pouvons crier assez fort pour nous faire entendre l'un et l'autre. J'espère bien rentrer un jour, pour pouvoir nous embrasser tous deux, pour partager nos joies et notre plaisir.*

Mes mille baisers nous sont défendus depuis bientôt 7 mois, un siècle. Je vous embrasse mille fois de bonheur et surtout mille fois le petit Jeanou. Je vais le regarder souvent ainsi que toi ma chère amie.

Bien des compliments à tous les voisins et surtout à ceux de Monclar ».

En France, le premier gouvernement René Viviani est toujours aux commandes. Cette administration est retournée à Paris après un court exil à Bordeaux, compte tenu de la menace des troupes allemandes. À L'automne dernier, le ministre de la guerre Alexandre Millerand et certains industriels (Louis Renault par exemple) avaient décidé de porter à 100.000 par jour la fabrication forcée d'obus pour les canons de 75.

Le 28 février : « *... ce qui m'étonne beaucoup, c'est que tu ne reçois pas mes dernières lettres. Je ne passe pas une seule journée sans vous regarder. Merci pour l'eau-de-vie. Ici, impossible d'acheter quelque chose dans ce pays ruiné. Inutile pour l'argent, c'est le contraire à présent car il me gêne, j'ai toujours peur de le perdre. Tu peux m'attacher de bonnes poches sur le pantalon bleu, je le mettrais par-dessus le rouge parce qu'il ne vaut plus rien. Tu peux m'envoyer quelques friandises comme du saucisson, quelque peu de* *cochon comme tu me l'as promis. Je suis toujours en excellente santé... ».*

L'écriture d'Edouard-Alban est soignée, inclinée à droite. Il paraît que l'inclinaison des lettres sur la droite signifie la qualité et le goût du contact avec autrui, elle peut dénoter une vulnérabilité. Un siècle plus tard, ces correspondances sont souvent lisibles et de qualité, ce qui est remarquable quand on devine les conditions effroyables dans lesquelles elles ont été rédigées (la boue, le froid, la nuit, la pluie… sur un carton de munitions, à genoux, debout sans chaise, ni table… et l'ennemi à portée de voix!).

Je vous évite, autant que faire se peut, toutes les répétitions susceptibles de lasser. Je note une pudeur immense, une quasi-impossibilité à communiquer. Mais, comment se livrer à son épouse et à sa mère à la fois ? Laquelle mère, jeune veuve, porte le pantalon dans la gestion de la ferme, son fils est ouvrier. Une famille pauvre, même très pauvre, mais remarquablement près de ses sous. Le problème de l'argent est récurrent, pour des sommes jugées dérisoires aujourd'hui.

Il donne rarement son avis sur les cultures et les travaux. Sauf à de rares exceptions, il n'avance pas ses sentiments, l'amour, la peur, la tristesse, la haine... Il est exaspéré sans le dire, ardent amoureux à mots couverts (il est vrai que l'époque favorisait la retenue), pessimiste entre les lignes. D'autre part, un gouffre de ressentiments entre le soldat et sa famille. Le poilu n'est pas parti de son plein gré en villégiature… Celui qui ne travaille plus à la ferme voit baisser sa considération, c'est un improductif. Il se veut sans cesse rassurant, en bon père de famille, on a souvent l'impression que tout va pour le mieux alors qu'il vit l'enfer sur terre, jour et nuit. Il minimise ce qu'il ressent.

Par contre, l'impréparation des armées françaises est totale. Une inorganisation très organisée, planifiée. Rien pour manger ou pas grand-chose, rien pour dormir, rien pour se laver (obligé de renvoyer les paquets de linge sale, un seul pantalon pour 7 mois, des inégalités creusées…). Ce qui doit rendre la vie au front encore plus rude, ajouter de la difficulté et de l'incertitude aux difficultés.

Des slogans politiques déclamatoires, ampoulés, assénés, placardés dans tous les lieux de la République pour en aboutir à une boucherie sans précédent. Et avec un taux de désertion relativement faible dans notre pays, patriotisme oblige. Certains déserteurs ont été fusillés et réhabilités avec la mention « mort pour la France » par Lionel Jospin en 1998 et Nicolas Sarkozy en 2008.

Le 3 mars 1915 : *« ... tu me dis que mon oncle souffre terriblement et qu'il n'a jamais reçu de nouvelles de Paul. S'il n'est pas mort, il doit être fait prisonnier. Aussi que Mouledous a été blessé et que bien d'autres avaient les pieds gelés. Tu m'as recommandé de ne plus demander de l'argent à mon frère, et bien, je te le promets, je ne le ferai plus. Si tu peux, j'ai besoin de paquets de tabac. Il n'y a pas d'eau pour se débarbouiller, il faut espérer que nous n'y resterons pas longtemps. Pour les affaires de la maison, vous me dites que vous avez vendu le trèfle, et que vous avez aussi envie de vendre la minette. Faites au mieux, pour moi, tout ira bien... »*.

Cette fichue année, Roland est débordé, il ne sait plus où donner de la tête. Les hommes sont si rares au village, ou terriblement handicapés. Il doit couper du bois pour Marcelle, quelques petits arbres qui gênent sur le talus de la Pachère. Ils privent de soleil les cultures, surtout dans l'après-midi.

Pendant 4 journées, très tôt le matin brumeux, il part au champ avec un oignon, son couteau de poche Opinel et son litron. Une hache affûtée à la pierre à eau, une meule difficile à faire tourner. Couper et fendre le bois. Une scie et un passe-partout pour le bas du tronc, à la condition de se faire aider. Et le midi et le soir, retour avec le tombereau plein avec les vaches qui fatiguent. Quant aux fagots, il peut les récupérer plus tard, il en reste assez de l'an dernier.

Le 11 mars : *« ... j'ai reçu deux colis, mais toujours pas de nouvelles de vous tous, les lettres doivent s'égarer. Le premier colis avec un peu de filet de cochon, de la saucisse et des poireaux. Le pantalon bleu dans le second colis, avec les tablettes de chocolat. Nous ne changeons pas de secteur encore, on va être obligé de jeter nos affaires, impossible de les laver. Nous sommes de véritables sauvages avec des poux. Le temps devient vraiment très long. Mon travail est toujours le même, faire des boyaux de communication entre les tranchées et arranger les routes défoncées. Continuellement la pluie ou la neige, nous marchons jour et nuit. De la boue jusqu'aux genoux. Vous me dites que le vent a soufflé chez nous, qu'il a arraché 3 ormeaux à Monsieur Saint-Agne à l'endroit où il faut son bûcher. Et un autre devant l'église... ».*

Le village de Lamazère, si entretenu et si paisible, est en souffrance depuis le début de cette satanée guerre qui n'en finit pas. Elle ne devait durer que 6 semaines. Des terres sont déjà abandonnées, surtout les moins faciles à travailler, sur des terrains à l'ombre, caillouteux ou à forte pente. Ou les plus lointaines de la ferme. C'est souvent le cas au sud du département où les collines sont douces mais prononcées. Les cheptels s'amenuisent et les travaux sont peu mécanisés dans les exploitations modestes, une difficulté supplémentaire pour les femmes.

Marcelle et sa belle-mère font partie du lot, elles tentent de survivre dans un contexte hostile. Comment réussir à tout faire ? La traite des vaches, les conduire au pré (Adolphe est à l'école), sortir le fumier trois fois par semaine avec la brouette en bois. En même temps, une matinée entière pour faire le marché et vendre deux douzaines d'oeufs, un poulet et trois canards. Et tout ramener à la maison dans le cas fréquent où personne ne veut ou ne peut acheter. Les lessives au lavoir du ruisseau, les vaisselles, s'occuper du petit Jean qui n'a rien demandé. Envoyer des colis à Edouard-Alban (à qui il manque toujours quelque chose) dont la souffrance s'accroît, dont l'espérance s'étiole. On le voit bien dans ses derniers feuillets.

Des retards pour tailler et attacher la vigne, la chausser pour forcer les racines à s'enfoncer plus profondément dans le sol. Même chose pour les labours pénibles qui préparent aux orges de printemps, ou aux futures prairies.

Marcelle se sent affreusement seule, elle ne décide de rien, au service des humeurs de sa belle-mère. Elle sent que son destin lui glisse des mains. Que vit réellement son époux ? Ouvrier terrassier de l'Armée française ? Comment en arriver à ce stade ? Souvent lasse de désespoir, de courte vue, elle en néglige le petit Jean. Elle s'épuise elle aussi, à perdre doucement ses forces à attendre.

Le 12 mars : *« ... mon adresse maintenant, secteur postal no 110. Tu me demandes si j'ai reçu le paquet contenant un morceau de filet, des rognons et 2 petits morceaux de saucisse. Oui chère amie, tout est arrivé en bon état. Je vous en remercie infiniment. Tu peux m'envoyer le reste d'eau-de-vie que vous a donné Pomiès, vous me ferez grand plaisir, avec un autre tricot de laine parce que je vais être obligé de jeter le mien, nous n'avons pas d'eau. Figurez-vous dans quel état de propreté on se trouve, je ne me suis pas changé depuis le 2 mars. J'avais mis une espèce de ceinture de flanelle qu'on m'avait donné à Mirande. J'ai été obligé de foutre en l'air le caleçon qu'on m'avait donné à la compagnie, c'était rempli de poux. Depuis le temps que nous couchons dans la pourriture. N'ayant plus besoin d'argent, on ne peut plus en dépenser, c'est ennuyeux de gâcher un vêtement tout neuf.*

Dans ta lettre, tu me dis que les gens du pays blaguent sur le 135ième territorial, ce n'est que de véritables mensonges. On vous a dit que nous avions battu en retraite, sortez-vous ça de la tête. Nous faisons toujours le même travail, faire des boyaux pour faire passer nos troupes d'infanterie, ça leurs sert d'abris contre les balles ennemies. On le fait la nuit et nous rentrons vers 4 heures du matin. Puis, on travaille sur les routes complètement labourées. Voilà tout.

Mille fois la bise au petit Jeanou. Ton cher époux qui pense toujours à toi et qui t 'envoie ses plus doux et tendres baisers ».

La solidarité s'organise dans le Gers, l'aide à certains réfugiés, des ouvroirs communaux où les femmes tricotent pour les soldats, la distribution de vin aux combattants (le vin est considéré comme une boisson hygiénique), la rééducation pour les poilus mutilés. L'instituteur et le curé sont les chevilles ouvrières et complices de ce type d'entraide fraternelle, avec le maire bien entendu. Les Préfets inscrivent le tricot au programme des écoles. On demande aux viticulteurs gascons de réserver 2 % de leur récolte aux troupes, même si le vignoble sort à peine du phylloxera de

1880. Le transport vers le front avec des gabarres fluviales à fond plat sur la Garonne navigable.

Le 18 mars : *« ... voilà déjà quelques jours que je trouve que vos lettres se font rares. Marcelle, Maman et et le pauvre petit Jeanou, vous êtes mes plus chers parents, à qui je dois le plus de reconnaissance. Je vous en supplie, de grâce, ne m'oubliez pas...*

Hier, j'ai écrit à ton beau-frère Jules, je lui ai fait une petite commission, de vous dire de m'envoyer dans une petite caisse en bois quelques œufs durs et d'y ajouter un peu de poivre, le sel nous en avons. Ça arrive cent fois plus vite par la Poste. Si c'est possible, mais je ne veux pas déranger, je voudrais une boîte de pastilles Valda et quelques graines de camphre. Enfin, quelque chose de fort pour les épidémies qui pourraient avoir lieu bientôt à cause des premières chaleurs.

Pour mon travail, nous faisons approcher les munitions, en troisième ligne. Nous partons à toute heure. Pour le vin, nous en touchons un litre par jour. Je suis toujours en bonne santé.

J'avais oublié de vous dire, je vous prie d'apporter la gourde à Pomiès pour la remplir le plus vite possible... ».

L'accablement s'installe inexorablement chez Edouard-Alban, il ne parle plus de ses camarades comme au début, il se cloître. On ne sait pas si les soldats les plus exposés étaient mieux traités, mieux considérés par la hiérarchie. La troisième ligne aux petits soins de la première, on ne sait pas. Toujours autant de banalités, impossible d'en être autrement pour un individu emprisonné à l'air libre depuis bientôt 8 mois, à 3 mètres sous terre en permanence. La nuit, la nuit, la nuit. À passer un hiver à ne jamais voir un rayon de soleil, à rabâcher des choses insignifiantes, mais si importantes quand la vie ne tient qu'à un fil.

À se voir rabaissé au rang d'un animal, pas brutalement, mais un tout petit peu chaque jour. Dans une crasse indigne, indescriptible, qu'une personne normale ne peut pas imaginer. Sa famille n'a pas idée de ce qu'il endure, de cette torture physique et surtout mentale.

Un avilissement psychologique pour gagner ou ne pas perdre quelques poignées de boue teintée de sang, avec des cris d'effroi. L'horreur, 40000 morts par mois ! Environ 1 homme sur 2 est revenu vivant, et indemne des tranchées. Quitte ou double. « La guerre à tombeau ouvert » selon Christophe Barbier de l'Express.

Dans cette guerre de positions attentistes, les communiqués semblent dire que les secteurs sont calmes. La population y voit un immobilisme coupable, une gabegie financière, « nos soldats ne font rien ». Il est infiniment regrettable que la patience s'émousse plus vite chez les civils que chez les soldats.

Dans ce cas, comment croire les dires des poilus ? Comment comprendre leurs doutes et leurs douleurs profondes ? La peur enfoncée au tréfonds de l'estomac. Des taupes humaines prises au piège, une vie de mort-vivant. La mort de la tête et de l'âme avant celle du corps.

Le 22 mars : *« ... c'est au plus vite que je vous fais réponse. Vous vous plaignez que je n'écris pas assez. Je vous quitte, je pars en corvée. Je vous embrasse mille fois de bonheur ».*

Une très courte lettre qui n'annonce pourtant pas la catastrophe. On peut sentir le danger imminent, mais paradoxalement, pas plus que d'habitude.

Le 24 mars, quatre petits jours avant sa mort, tout près de son 36ième anniversaire, Edouard-Alban envoie sa dernière lettre, un dernier souffle, un dernier regard à sa famille et à personne. Finalement, il ne se doute de rien. Et Jean qui ne se souviendra jamais de son père : »je réponds au plus vite à ta lettre du 18 mars. Je suis content que vous reconnaissiez mon travail qui est toujours le même. Ne vous faites pas du mauvais sang, ce n'est pas dangereux…

Quand la guerre sera finie, on se changera de la tête aux pieds. Je n'ai pas eu le temps d'ouvrir le dernier colis…

Je suis en parfaite santé. C'est avec grand peine que vous m'apprenez la mort de Monsieur Aubian et de tante. C'était l'heure pour eux, et quant à la nôtre, nous n'en savons rien. Tu me dis que Bégué a des problèmes. Je me demande comment faut-il faire pour faire marcher le moulin et la boulangerie. En ce moment, il ne doit pas y avoir trop d'ouvriers. Rien de plus à vous dire.

Je vous embrasse à tous de bonheur, et surtout le petit Jeanou. Ton cher époux qui pense toujours à toi et qui t'envoie ses plus tendres baisers.

Beaucoup de compliments à ceux de Monclar et à tous les voisins ».

Figurez-vous (comme disait Edouard-Alban) qu'il n'a pas eu le temps d'ouvrir son dernier colis, de se foutre une dernière rasade d'eau-de-vie de Pomiès en travers de la gorge, avec des tranches de saucisson sec à forte odeur de cendre. La gnôle du condamné.

Aucune idée sur les circonstances de sa mort à Wargemoulin-Hurlus. Une balle aveugle, un obus assassin, enseveli dans son abri et asphyxié, mélangé à la terre, enterré vivant ? Seul ou accompagné de ses camarades cantonniers ?

Sans doute dans la nuit noire du 27 au 28 mars, entre minuit et 4 heures du matin. Son corps abandonné à même la boue, peut-être assez longtemps jusqu'à ce que le front se déplace ? On ne peut pas savoir.

À Lamazère, on ne reçoit plus de nouvelles. Les rumeurs et les mauvaises blagues font dire à sa mère « je ne comprends pas, il n'a rien à faire là-haut, et même pas capable de nous écrire. Plusieurs mois à rien foutre et même pas donner signe de vie » !

9

Plus d'un mois sans nouvelles d'Edouard-Alban, pas la moindre lettre ou carte postale du facteur contrit, ni de la part de ses supposés camarades, ni de l'Armée française impuissante et débordée par la mort industrielle banalisée.

Le vendredi 4 mai 1915, très exactement un mois après le dimanche de Pâques, le maire et le facteur bien maladroits, apportent une lettre laconique frappée du sceau de la République : » le Lieutenant-Colonel... a la douleur de vous faire part du décès du soldat Edouard-Alban, du 135ième régiment territorial, tué à l'ennemi le 28 mars 1915 » ! Le poids des mots, la respiration coupée.

L'Armée souffre honteusement de cette incapacité à gérer la mortalité dite de masse. Il faut patienter jusqu'au 2 juin 1916 pour proposer « l'instruction pratique pour les Officiers d'état-civil sur le front de guerre », la création d'un « service de renseignements aux familles ».

Cet outil de communication se montre vite inopérant : « toute demande de famille fait immédiatement l'objet d'un accusé de réception par courrier. Mais ne calme guère sa juste impatience. Ce que les parents attendent, c'est le renseignement. Or s'il s'agit d'un décès, il est interdit de notifier directement aux intéressés car il serait extrêmement important de s'affranchir de l'identification par le Dépôt ». Secret défense.

Ce début mai, il fait très chaud, nuageux et pluvieux à Lamazère. La moiteur est autant dans les coeurs que dans les prés fleuris. Le muguet, la pivoine, l'oeillet, la rose de mai, la tulipe, le myosotis, le jasmin et le lilas éclatent au soleil de la mort.

Nos deux femmes, toutes deux maintenant si veuves, sont désemparées. Elles ne comprennent pas ce qui arrive, Edouard-Alban toujours en excellente santé et décédé on ne sait comment, après des mois d'incompréhension mutique et de privations élémentaires.

Les obsèques sont prévues le vendredi 7 mai à 15 heures à l'église du village. À dire vrai, c'est le maire qui guide le curé Claude Danflous sonné par le choc. Un vieux monsieur tout usé, tout potelé, tout gros dans sa soutane noire de prêtre, boutonnée sur le devant. Et accompagné le plus souvent par 4 enfants de choeur : Andry, Lacomme, Peyrou et Sénac.

C'est le premier mort de guerre ici, le premier enterrement. Danflous est désorienté par cette situation fâcheusement nouvelle. Pas de sépulture, pas de cimetière, pas de bière près de l'autel. On n'ensevelit personne, pas même une photographie de mariage récupérée par Marcelle. Toutes les femmes sont habillées de noir, elles constituent une large majorité de l'assemblée de l'office religieux. Les rares hommes, le béret noir vissé sur la tête ridée par le soleil.

Une veillée funéraire le jeudi soir avec la famille très proche, Roland et le petit Adolphe. On fait comme si. Le lendemain, pas de bénédiction du corps à l'entrée de l'église, et bien évidemment pas lors de la mise en terre. Un simulacre funeste. Les hommes et les jeunes garçons sur la gauche, les femmes de l'autre côté. Deux grands cierges de Lourdes au beau milieu, ils symbolisent la lumière qui manquait tant à Edouard-Alban depuis son départ d'Aix-en-Provence. L'abbé lit le livre des lamentations pour dire aux hommes de ne pas perdre confiance. Quelques lignes du livre de Job pour inciter à garder espoir dans les épreuves de la vie.

Toutes les familles sont présentes, les Duffard, Bernes, Villeneuve, Bourdette, Aubian, Beaudé, Deffes, Despeaux, Bessières… Le maire et son conseil municipal. Il ne manque que le père Andry trop occupé par ses petites affaires, il a délégué son épouse qui pèse trois fois moins que lui. Un petit bout de femme fantomatique sous ses habits de qualité. De beaux yeux tristes.

Cet homme était aimé de tous, bon et généreux, sans histoire. Il ne pensait qu'aux autres. Les femmes pleurent, poussent des gémissements, se mouchent bruyamment dans leurs mouchoirs brodés. Les hommes en profitent pour donner des reniflements humides et des larmes contagieuses. Un concert de communion triste.

Petit Jean ne participe pas à la cérémonie, trop petit, il est gardé par la grand-tante barbue Marie-Louise. Dans cette chapelle sombre qui conserve les froideurs de l'hiver, une odeur d'encens humide, les fidèles sont incrédules. Un sentiment intime d'assister impuissant à l'arrachement d'Edouard-Alban à ses terres, à ses amis, à sa famille chérie et son Jeanou. Partir pour ne jamais revenir, même pas entre quatre planches, sauf une ligne sur le monument aux morts, bien plus tard.

À la sortie, la séance pénible des condoléances, les poignées de mains, les bises, les odeurs de mauvais parfum ou de brillantine Roja, les mots doux et mécaniques (et souvent idiots) glissés à l'oreille. La mère est impassible et dure, elle a tout vécu, tout traversé. Marcelle est beaucoup plus fragile, les jambes flageolantes, les doigts crispés qui se cherchent, les yeux rougis en panne de larmes.

Une visite rapide et un bouquet de fleurs des champs sur la tombe du père parti beaucoup trop tôt. Ce cimetière est laissé à l'abandon depuis le début de la guerre, trop de choses à faire dans les fermes, pas le temps de venir nettoyer ce lieu inutile.

Dès la sortie sur la placette, une trentaine de personnes est invitée à boire un verre, à évoquer des souvenirs pour soutenir la famille éplorée, bien seule maintenant. Les voisins et ceux de Monclar. Une procession se forme dans un lourd désordre. La musique des sabots de bois. Le silence se fissure bien vite, la vie reprend ses droits. On parle du cours du porcelet à Trie mardi dernier, du répoupet (veau de poupe) au marché de Rabastens-de-Bigorre, de la poule gasconne à Mirande. Une belle volaille noire et fière, la queue relevée presque à la verticale. La chasse au sanglier, la pêche (ablettes, barbeaux, tanches, carpes, goujons, gardons, truites, anguilles,…). On peut braconner, pas de garde-chasse en temps de guerre. Et il faut bien manger. Bien sûr, on échange sur les nouvelles de nos malheureux soldats. Avec des lettres ou pas, blessés, invalides, le rôle dans l'Armée, le manque cruel de bras vigoureux dans nos campagnes.

Roland vient tout juste de finir de balayer la cour avec son balai de brande de bruyère, placer la grande table de dépiquage sous le tilleul, avec une belle nappe damassée en lin brodé, de circonstance. À sortir pour les grandes occasions, c'est-à-dire jamais. Sur la table posée sur 2 tréteaux de formes différentes, du vin blanc local (un Colombard aux essences aromatiques) et 5 grands tourteaux de l'Astarac achetés chez Vidou. Un gâteau aéré, contrairement au voisin bigourdan tressé avec des graines d'anis vert, plus compact, peut-être mieux pour trempouiller dans le café. Il plombe cette ambiance de courtes retrouvailles. Pour les festivités pascales, on vient même d'Auch en train le lundi pour acheter ces tourteaux ronds de 600 grammes dont l'odeur et le goût sont inimitables. Le chauvinisme local, comme partout. Il paraît que Andry « prête » de l'argent aux fermes en difficulté à un taux prohibitif, disons une activité usurière. Si besoin, il se rembourse en nature, en blé, en vin, en farine, en veau, en volailles ou je ne sais quoi. Le reste, il n'en a plus les moyens.

Petit Jean est tout sourire, un grand bébé, le portrait craché de son père, que de monde aujourd'hui ! Il fait des risettes à qui veut bien les mériter. Aucune conscience de l'événement à cet âge. Il volette de bras en bras, de tablier en tablier. Le curé évacue son stress catholique en engloutissant un tourteau entier avec une fiole de blanc, le repas du soir est déjà pris. Le sens du partage. Les croyances sont décidément profondes.

Pendant ce temps, ce court instant de paix, d'autres informations alourdissent l'atmosphère. Le 22 avril 1915, l'Allemagne utilise des gaz incapacitants à base de chlore, à Ypres en Belgique. L'intelligence au service du mal. Le 2 mai, recul de l'armée russe en Pologne. Le 7, les Allemands torpillent le paquebot anglais Lusitania. Dès cette année, la mise en place d'une économie de guerre pour tenter de donner le change (« guerre longue, technique, industrielle, moderne »). En France, les ennemis occupent 9 départements producteurs de charbon et d'acier. La bataille de Champagne baisse d'intensité. L'État face à un conflit total. Au bout de 1915, dans cette même Champagne meurtrière, 182000 victimes pour une avancée seulement de 5 kilomètres, c'est-à-dire 36 poilus sacrifiés par mètre gagné de haute lutte !

Joseph Joffre commet des errements stratégiques lourds de conséquences. Persuadé que la guerre serait courte, il fait prendre au moins 4 mois de retard dans la livraison des casques Adrian. Il refuse ce caractère industriel de la guerre. Combien de vies innocentes aurait-on pu épargner ?

Sans vraiment le vouloir, Roland glisse doucement vers le statut de maître de maison, les jeunes femmes forcément seules l'entourent avec envie. C'est lui qui remplit les verres vides, il fait déjà chaud avec ce vent d'autan tiède. Les feuilles dansent au soleil du printemps et la soif délie les langues, rosit les joues. Finalement, la perte d'un bras est une sacrée chance, même s'il est désolé de sa position protégée vis-à-vis de ses amis conscrits condamnés à l'horreur, au déracinement. L'expression « un coup de main » convient à merveille à sa situation.

L'instituteur Roger Sernin a refusé de fermer l'école, de lâcher les enfants pour les obsèques, sauf Adolphe. Le maire est furibond, il considère que c'est une faute morale grave. Pire, un acte de non-patriotisme, de non-respect à l'égard du disparu. L'arrogance et l'impertinence de ceux qui savent tout, ou presque. En plus, c'est un étranger, il vient du département des Landes !

Ces dames parlent de chiffons, des difficultés à nourrir correctement les enfants, à soigner les vieux et les infirmes, à trouver les produits essentiels (huile, pétrole, sucre, sel, poivre, savon de Marseille, farine,…). De la communion privée d'Adolphe malgré ses nombreuses absences au catéchisme, l'abbé Danflous ne plaisante pas avec ces choses-là. Du seul lapin du quartier pour saillir les lapines. De la voisine des 3 croix qui se chauffe avec un vieux réfugié espagnol peu loquace. Des rapports tendus entre le curé, l'instituteur et le maire qui ne voulait pas de ce poste à la retraite.

Aussi de ce qui attend Marcelle coincée entre sa belle-mère pas facile et son petit Jean. Elle est venue ici belle-fille, sans la moindre dot, sans fifrelin et maintenant sans époux aimant et protecteur. Heureusement que les beaux-frères sont gentils pour elle. Des gens simples sans arrière-pensée.

Les vaches meuglent dans l'étable, propre pour l'occasion. Elles comprennent mal pourquoi elles ne sortent pas avec ce beau soleil, le chien aussi. Adolphe s'ennuie à mourir, seul sans ses petits camarades.

Le rôle des enfants est chamboulé par la Grande Guerre. Même si l'école est obligatoire jusqu'à 13 ans, la plupart travaille déjà dans les champs ou les bois. L'espérance de vie est de 53 ans seulement, une vie de labeur de 13 ans jusqu'à l'épuisement des corps. Ni les ouvriers, ni les paysans ne perçoivent de retraite. La solidarité familiale. Adolphe fait partie du Mingecoque, il se sent chez lui car sa situation n'est pas facile entre un père au cimetière, deux grands frères à la guerre et sa mère qui boit sans soif. Ici, il mange à sa faim et on s'occupe de lui.

En 1914, plus de la moitié des Français vivent en milieu rural, la majorité dans des communes de moins de 2000 habitants. Les femmes abandonnent les fourneaux pour prendre de lourdes responsabilités, ce sont des héroïnes au quotidien, des gardiennes. Produire, diriger et vendre. Elles découvrent des instruments agricoles étrangers jusqu'alors : la charrue, la faucheuse, la moissonneuse-lieuse, la batteuse, le trieur à grain…

Les « munitionnettes » dans les usines d'armement, mais aussi les exploitantes agricoles pour nourrir nos troupes, et les alimenter en vin devenu une « arme de guerre ». Les femmes chefs de famille qui connaissent le surmenage, l'épuisement et le découragement en toute solitude. Le veuvage concerne surtout les paysannes. La notion du champ de travail et du champ de bataille, les combattantes de l'arrière. La victoire des « sans profession » pour sauver l'honneur, maintenir une famille et éviter que la ferme ne périclite.

Curieusement, on parle peu du défunt fantôme et de la guerre, par méconnaissance, par respect, par peur, par retenue pudique. On observe une pause. Plus facile et plus léger de discuter de la vigne de noah noir ou blanc, le vin qui rend fou ou aveugle et interdit en 1935 pour des raisons de santé publique. Le raisin et le jus sont sans risque, et bizarrement pas le vin.

On évoque la cueillette des mousserons ou boutons de guêtres dans le talus de la vieille vigne de Marius. Quand il pouvait marcher, il y allait la nuit pour ne pas se faire voir. Il y a déjà longtemps.

Pendant huit mois, outre le fonctionnement routinier de la ferme lié aux animaux, les jours et les nuits sont rythmés par la réception de courriers, de colis de linge sale. On ne voit presque jamais plus le facteur Léonce Pujos de Saint-Aurence (plus rarement Boyer ou Gissot, des non titulaires), le messager qu'on surveille au bout du chemin de Lazies. Son képi ou sa casquette, sa veste ou pèlerine bleue, sa moustache rebelle. Le maillon le plus important de cette communauté rurale. Une « ligne de vie » entre les poilus et les familles. L'ami et le confident de tous.

Invité à toutes les fêtes : le tue-cochon, les noces, les vendanges, les communions...

Les plis et mandats sont rares à cette époque, sauf l'almanach décoratif et le catalogue de la Manufacture de Saint-Étienne devenue Manufrance.

La gare de L'Isle-de-Noé où l'on ne va plus. En plus, elle soulève trop de mauvais souvenirs. Des accolades, des embrassades, des baisers tristes, des promesses de gascon, de rien du tout.... Et surtout, la mobilisation des deux femmes autour du feu, à la veillée pour écrire et rendre réponse à Edouard-Alban. Un socle cimenté entre mère et belle-fille qui se lézarde, un point commun qui s'évanouit, un objectif qui n'existe plus. Sans compter les discussions sur le contenu des colis : l'argent bien sûr, les bouts de cochon, le papier à lettre et le crayon, l'eau-de-vie de Pomiès, les pommes et les poires, le foie gras (enfin, une misérable seule fois).

Marcelle, comme toutes les femmes modestes, encaisse le malheur et la fatalité. Elle n'a jamais osé demander les vraies circonstances de la mort de son mari, ni même l'endroit où il repose. Elle n'a pas pris contact avec ses camarades ou ce qu'il en restait. L'inverse est du même tonneau, la mort dans une relative indifférence. Banalisée à un point insupportable.

Et dans quelles conditions il est sous terre ? Les morts ont-ils droit à une cérémonie religieuse ? La Marne, figurez-vous, ce doit être près de la Belgique ou de l'Allemagne, c'est beaucoup trop loin pour monter, en plus en pleine guerre. À voir plus tard, sans doute jamais. Les travaux harassants à la ferme, les crises de petit Jean qui manque d'amour paternel, par quels moyens (Marcelle n'a jamais pris le train), l'argent à quémander encore à sa belle-mère qui va faire tout un tas d'histoires pénibles à entendre. Le même refrain depuis des années et la vie s'en trouve raccourcie, abrégée, rapetissée. Fatiguée de se mettre à genoux.

Outre le courrier du 28 mars 1923 annonçant le transfert de la tombe d'Edouard-Alban, il nous reste celui du 24 avril 2017 : « le Ministre de la Guerre a l'honneur d'informer Madame… que le certificat d'inscription de la pension dont elle est titulaire est transmis par courrier de ce jour, à M. le Sous-Lieutenant militaire, chargé du service des pensions dans le département où elle a élu domicile et auquel elle devra faire connaître si elle opte pour la pension ou pour la délégation de solde ou l'allocation ». Le Sous-Directeur Chef du Service (31, Rue de Bellechasse Paris 7ième). Le montant de la pension de guerre est fixé au moment du décès en fonction du grade.

« Les veuves de guerre, la patrie malgré tout ! ».

10

Début octobre 1926, la rentrée des classes à Lamazère pour Jean devenu grand, en vacances depuis le 14 juillet. Les lois du vosgien Jules Ferry rendent l'école obligatoire de 6 à 13 ans, la dernière année étant réservée au cours supérieur, classe que Jean va sans doute éviter compte tenu des difficultés à la maison. Ultime année pour l'instituteur Maurice Lacrampe, un vieux grand sec au regard sévère. Et pas que le regard, les torgnoles tombent drus sur les crânes des écoliers. Soit avec le creux de sa main, soit avec son gros béret.

On veut sortir de l'école qui fabrique « de braves soldats ». Douces illusions de fraternité et de paix. Le fait guerrier doit être étouffé par la connaissance. Des enseignements dits « parasitaires » : les bataillons scolaires, l'instruction civique, le travail manuel sur le bois et le fer, le calcul mental avec la méthode intuitive et l'enseignement de l'anti-alcoolisme. Le dessin est plutôt réservé aux enfants des villes, aux futurs bourgeois aux mains douces.

Deux lois, celle du 2 août 1918 qui ne contrarie pas vraiment l'enseignement agricole privé et la loi Astier de 1919 sur l'enseignement technique. Une classe unique ou « l'expérience des classes amalgamées ».

Peu d'appétence pour les bancs de l'école. Jean préfère ramasser les chapelets de pommes de terre bintje à la fourche bêche, canarder les merles chanteurs à la fronde en bois séché, pêcher les vairons et ablettes grises à reflets d'argent à l'épuisette au ruisseau de l'Oussette. Surprendre les escargots petits gris sur les murs de pierre chaude de la grange du Chirou. Garder les vaches au pré saupoudré de rosée légère. Faire la sieste sous un figuier, un prunier ou un cognassier bas sur pattes. Dénicher les écrevisses à la caudrette, avec un appât de grenouille déculottée.

Cet automne, les vendanges, victimes d'un orage de grêle, ne donnent que 5 comportes mal tassées, juste pour faire un demi-fût de piquette rose. Du retard sur les labours qui balafrent la terre noire et qui attirent les mésanges à longue queue. Elles zinzinulent derrière la charrue mono-soc.

Jean est dans sa seule tenue délavée pour l'année, achetée au marché, puis rapiécée de partout pour l'occasion. L'argent manque cruellement. Une veste, un pantalon court, des chaussettes de laine qui tiennent ou pas avec des élastiques. Une blouse noire. Pour l'hiver, une pèlerine à capuche ou une cape sans manches pour certains, et des godillots déformés.

Les garçons avec une gibecière, du pain aillé et une belle grappe de blanc muscat. Les filles un sac. Les cours de 8 heures à 11 heures 30, puis de 13 heures 30 à 16 heures, pour aller garder ensuite les oies ou les dindons. Pas de cantine, parfois une gamelle à se réchauffer au poêle majestueux (prénommé Prosper) sur une épaisse plaque de tôle pour protéger le plancher vermoulu. Les volutes bleues du poêle colorient le plafond écaillé.

Les élèves, un grand de fin d'études et un plus jeune, arrivent une demi-heure avant avec du bois ou des sarments de vigne. Le soir, les deux mêmes doivent balayer, arrosoir en main.

On installe l'électricité dès 1926, la fée lumière qui change tout, la révolution. Le tableau noir en ardoise sur un chevalet de bois. Jean, comme beaucoup de ses camarades, porte souvent le bonnet d'âne à regarder fixement le mur blanchi à la chaux et la carte de France en relief Vidal Lablache. Plus rarement les bons points et les images destinées aux filles plus dociles, plus travailleuses. Le temps des porte-plumes…

Aucun livre à la maison, même pas de cuisine. Un début de bibliothèque montée par Monsieur Lacrampe avec Lisette, la semaine de Suzette et Pierrot. Les garnements jouent aux billes à la clotte, et aux osselets pendant la récréation, d'où quelques règlements de comptes et des bagarres furtives derrière le muret du cimetière. À se faire saigner le nez. Lesquelles billes peuvent porter un joli nom : l'abeille, l'agate, le hibou, le canari, la laiteuse…

Au Mingecoque, les affaires vont mal, la ferme rapporte de moins en moins, les cours instables et Marcelle est bien fatiguée. Vieille avant l'âge. Maintenant seule avec Jean, mais toujours avec le soutien avisé de Roland, et trop souvent malade et affaiblie. Maladies pulmonaires, fièvres et angines à répétition.

Jean est parfois absent de l'école, il aide ses voisins pour gagner quatre sous et compléter l'activité de couturière de sa mère. On vient de tout le village pour lui faire faire des retouches sur sa machine à coudre à pédale Singer. Même si sa vue baisse, elle apprécie ces travaux de précision et de création, beaucoup plus que les tâches ingrates agricoles. Elle va être obligée de donner les terres en fermage au vieil Andry, en ne conservant que le jardin potager et la vigne. Ce qui va pousser Jean à travailler à la journée chez les autres, ce qui visiblement, ne le dérange pas outre mesure. Il voit bien que sa mère est au bout du rouleau, physiquement et moralement. Les vaches vieillissent et les semences non renouvelées donnent beaucoup moins. C'est difficile de toujours demander aux autres. Les saisons défilent, le travail demeure et les résultats ne viennent pas, ou plus.

Le cancer de la tristesse. Les haillons de la vie.

Quels événements en 1926 ? Le 12 janvier, découverte du vaccin contre le tétanos par l'Institut Pasteur. Le 8 mai, effondrement du franc, « le mur d'argent », instabilité menaçante et perte de confiance. Le 10 juin, décès d'Antonio Gaudi à Barcelone. Le 19 juillet, nomination du gouvernement d'Edouard Herriot pour 4 jours seulement ! Le 7 octobre, le fascisme est adopté par l'Italie et le 10 décembre, bonne nouvelle, Aristide Briand reçoit le prix Nobel de la Paix.

En 1927, le prix du blé passe de 156 à 60 francs, son niveau le plus bas depuis 100 ans ! Mais, le prix du pain ne baisse pas.

Au printemps 1929, une période de froid glacial paralyse la France, lourdes chutes de neige et vent tempétueux. Le 20 mars, décès du tarbais Ferdinand Foch. Le 9 septembre, naissance de Claude Nougaro au 56, boulevard d'Arcole à Toulouse, élevé par ses grands-parents au quartier des Minimes. Le jazz et la java, quatre boules de cuir, NougaYork. Le 24 octobre, sombre « jeudi noir » à Wall Street, le krach boursier qui va modifier le précaire équilibre économique pour longtemps. Le 26 décembre, les dirigeants Soviétiques décident d'abolir la fête de Noël.

Dans le monde rural, la crise de 1929 se traduit par une inversion brutale des prix agricoles commencée en 1927. Baisse sur les céréales, le lait et la viande de toute nature. Heureusement que les meilleures terres de Marcelle sont abandonnées au vorace fermier. La rente foncière s'écroule et l'exploitant est en position de force, Andry et son gendre écrasent tout sur leur passage.

Plus d'animaux à l'exception d'un porc unique et de la basse-cour. Quelques poulets de race cou-nu, des canards mulards, des dindes blanches royales et des oies sans bavette. Deux dernières lapines gris cendre dans la cage coincée au fond de la grange aux murs de terre. Marcelle n'a même plus la force de plonger sa main droite dans la poche de son tablier imprimé, pour lancer à la volée quelques graines de méteil. Un vêtement, un uniforme paysan en coton rayé ou fleuri qui cache des bas épais. De ridicules fleurs roses sur un fond bleu.

Jean, déjà 14 ans devient domestique agricole, journalier dans plusieurs maisons, mais surtout chez les amis et voisins Vignaux. Son salaire est dérisoire, juste quelques piécettes, rarement de 10 francs. Juste de quoi ramener à manger à sa faim, de quoi s'habiller chichement. Mais Jean est heureux, il se sent utile et respecté, son rôle est tout trouvé. Plus d'école et le plaisir non dissimulé de quitter sa maison triste pendant de longues journées. Il supporte très mal de voir souffrir sa mère, sa maman dont l'état ne fait qu'empirer.

Un homme à tout faire, l'aide familial parfait qui ne rechigne pas, qui accepte tous les menus services à rendre, même les plus incongrus comme nettoyer la volière et étaler religieusement les fientes au jardin. Comme tirer de l'eau fraîche du puits mangé par le lierre, avec la chaîne et le seau métallique avec un pied feuillard. Comme tremper l'oie dans la lessiveuse brûlante pour lui retirer les plumes et le duvet.

Marcelle frissonne même au coin du feu pourtant bien alimenté, le chat de gouttière inquiet sur ses maigres cuisses. Perte d'appétit, vomissements, plus le goût à rien, les ganglions gonflés. Le Docteur Yvon Cazalas passe la voir rarement, il pense à une épidémie de diphtérie, mais il se tait. Un mutisme campagnard et révélateur. Son lourd silence en veut dire long sur la suite. L'air sent la mort. Son corps sait que la fin approche insidieusement. Jean refuse la réalité, il ferme les yeux.

Le dimanche 10 novembre 1929, à la tombée d'une nuit vaporeuse et incertaine, la veille de l'armistice, elle est emportée comme un fétu de paille par la maladie, à l'âge de 40 ans, c'est inscrit sur sa tombe. Un petit carré discret, sage et délicat où elle se retrouve seule pour l'éternité, sans son Edouard-Alban. Une courte dalle en pierre du coin, avec un pot de chrysanthèmes fanés, couché par le vent capricieux qui ne respecte rien.

Sa main transparente dans les doigts tremblants de Jean. Les yeux déjà partis pour danser dans les ténèbres. Des papillons vitreux. Le long couloir de l'inconnu.

Le parfum de la solitude. Les lividités d'une pauvre vie.

11

Pour faire simple, de 1900 à nos jours, l'espérance de vie a plus que doublé, de 40 à plus de 80 ans. En France, le niveau de vie est multiplié par 10.

Le 11 février 1990, Nelson Mandela est enfin libéré après 27 ans de prison. Le 15 mai, Edith Cresson est propulsée premier ministre. La guerre du Golfe débute le 2 août. Mikhaïl Gorbatchev reçoit le prix Nobel de la Paix, le mur de Berlin devient passoire au soir du 9 novembre 1989. Serge Gainsbourg et Miles Davis disparaissent.

L'horloge du temps tourne inexorablement, en toute indifférence, Jean est à Aux-Aussat depuis bientôt 40 ans. À travailler sa ferme avec Marthe la douce, puis à observer de loin l'évolution rapide et radicale impulsée par son gendre Henri. Léa et son époux sont complémentaires. D'une exploitation vieillotte, doucement dépassée, on glisse vers un appareil de production, une petite entreprise familiale moderne, rationnelle et rentable, autour d'un élevage de blondes d'Aquitaine blanc crème, vaches de viande, de sélection à concours. Une race issue de 3 espèces historiques locales du Sud-Ouest : la blonde du Quercy, la garonnaise et la blonde des Pyrénées.

En effet, Jean restait sur des activités et des formes de travail traditionnelles, avec un équipement obsolète et peu efficace. Il convenait de tout modifier sous peine d'abandonner l'affaire.

Les souvenirs de cette époque me sont peu nombreux, c'est l'âge où l'on est recentré sur sa petite vie, et je le regrette vivement aujourd'hui. Le coeur trop petit. Ma petite femme, mes enfants, ma maison à rembourser, mes problèmes de couple, mon travail et l'ambition professionnelle. Et surtout mes concours chronophages : le CAPES, l'agrégation, l'ENA et la capacité à devenir Inspecteur d'Académie ou rejoindre l'Université.

Je me souviens avoir rentré le foin ou des grosses bottes carrées de paille chez Jean, disons 2 à 3 jours par été. À décharger les remorques ventrues, sans le moindre élévateur Samas, dans la cour accablée de soleil sous un brouillard de chaleur. Les poumons gorgés de poussière. À transpirer comme des bœufs avec mes frères et mes amis Jacques, Picoulat et Jacky. Aussi à vendanger la vigne de la côte, et faire le vin avec des barriques qui fuyaient, qui refusaient obstinément de recevoir le moindre liquide.

Et Jean, brinquebalant avec ses prothèses de hanches neuves, ses cheveux blancs en bataille et ses gros sourcils broussailleux qui lui mangeaient le visage. Son petit chien ratier adorable frétillant sur l'aile droite de son tracteur, plus à son aise à la soupe qu'à débusquer le lapin ou le renard. Sa voix haute et claire de ténor. Et Marthe qui nous disait à tout bout de champ « que le bon Dieu nous en préserve » ! Il compensait un manque relatif d'organisation (malgré les conseils avisés et incessants de son épouse) en gueulant pour tout et pour rien. Aucune importance sachant son caractère fondamentalement bon, reconnaissant et généreux. Un type qui a manqué de tout donne facilement sans réfléchir. Le bon Gersois de la terre, de souche et de coeur.

Dans ses cahiers de fin de vie, Jean tient à reproduire la cérémonie au monument aux morts du 11 novembre 1988, et son banquet à l'auberge de La Vallée. Cet évènement est le point d'orgue de chaque année (même si l'intérêt du papier est somme toute relativement faible) :

« 11h50. Mise en place terminée pour la section face au monument aux morts, sur la place ventée des Promenades.

12H00 ; Arrivée des autorités, dès qu'elles ont rejoint leur emplacement, sonnerie par la Lyre, la fanfare locale du père Lacomme.

Appel des morts, lecture du message ministériel.

Dépôt de gerbe dans l'ordre : Monsieur le sous-Préfet
Monsieur le Maire
Le représentant des anciens combattants
Les enfants de l'école
« reposez armes, repos »

Fin de la cérémonie, verre de l'amitié, départ des autorités, « garde à vous, présentez armes ».

Et le banquet interminable, jusqu'à la nuit noire, gentiment arrosé au Madiran Montus ou Bouscassé de chez Alain Brumont, à se raconter les mêmes histoires de guerre, de maladies. À se finir à l'Armagnac dans la tasse de café. Flatté par la serveuse rousse aux formes arrondies, au sang chaud, qui sait y faire avec ces vieux guerriers d'un autre temps. Jean n'hésite pas à pousser la chansonnette avec entrain, mais sans monter sur la table, son « beth ceu de pau » favori, le Béarn qui traverse la Bigorre pour enchanter l'Astarac. Aussi Marinella de Tino Rossi. Un bon repas entre amis ne peut finir qu'en chansons, peu importe les paroles, les lalala ou lalalère sauvent la face, et l'honneur du festayre.

Cette période riche des années 1990, fortement impactée et influencée par des personnages importants, à des degrés divers : François Mitterand, Simone Veil, les Badinter, Brice Lalonde, Bernard Tapie, Lionel Jospin, Hélène Carrère d'Encausse, Florence Arthaud, Lucie Aubrac, Nadia Comaneci, l'abbé Pierre (ou Henri Grouès, « vivre à la rue, on en meurt »), Françoise Sagan, Diana Spencer, Serge Blanco, Greg Lemond, Laurent Fignon et Jeannie Longo,… Impossible de les citer tous.

Le lundi 31 décembre 1990, réveillon de la Saint-Sylvestre à Aux-Aussat organisé par la jeunesse, par le comité des fêtes et ses familles. Le jour des vendanges tardives à Viella, un moment magique pour les Gascons.

80 personnes attendent chaque année ces retrouvailles avec impatience, chaque village dynamique monte ce type d'événement festif. À la bonne franquette, le dépaysement sans trop bouger. Le rendez-vous est pris pour 21 heures, tous les convives sont apprêtés, chemise blanche et Clarks neufs pour les jeunes. Jupettes pour les filles avec des collants fantaisie avec l'effet jarretelle, des paillettes pour le visage, les strass et les bijoux de sortie.

Jean est de la partie, même fatigué, il ne manque pour rien monde l'occasion de retrouver ses amis Dazet, Duffard, Bragayrat et Noguès. Une sangria rouge faite maison à l'apéritif, pour « attendre » toujours les mêmes retardataires. Un froid de canard, un vent qui vient gifler les jolies femmes.

Au menu inscrit au tableau, 6 huîtres creuses de Bretagne dans des assiettes en plastique bas de gamme (impossible de les tenir en main, dégoulinade garantie), du foie gras de la grand-mère du président du comité. De la queue de lotte à la crème fraîche.

Le trou gascon inratable, intraitable aussi pour certains. Des carafons de blanc sec et de rouge de la cave de Plaisance, des vins légers de bonne qualité, bien du terroir. Puis, la dinde farcie aux marrons. De la salade aux noix pour se donner bonne conscience, la préhistoire du véganisme. Et comme il est beaucoup trop tôt pour s'envoyer les vœux de minuit, un épisode dansant avec la disco du père Bernichan.

Les années 80 sont particulièrement pléthoriques en termes de succès musicaux. Nos oreilles se souviennent de quelques titres bien connus : Les corons, L'Aziza, Rocamadour, Femme je vous aime, Le gitan, Le chanteur abandonné, T'as le look coco…. Et toute l'ère de Jean-Jacques Goldman.

Agréable de retrouver les copains, les amis, les cousins. De bien manger, de bien boire et de gesticuler plus que de danser. Jean est ravi de voir, de sentir cette joie l'envelopper. Léa, Henri et leur fils Rémi participent activement avant, pendant et après. Le lendemain pour nettoyer et finir les restes et achever les bouteilles.

Attention, les 4 coups de minuit vont bientôt sonner. Deux stratégies : faire le tour de la salle pour faire 160 bises ou attendre sagement à sa place. La première est la meilleure, plus conviviale, on n'oublie personne et un petit mot doux à chacun d'entre eux. Les baisers appuyés pour nos proches. « Bonne année, tous mes vœux, et surtout la santé... ». Parfois, des paroles plus graveleuses et grivoises « je te la souhaite bien… ».

On prend le soin de visiter longuement la table des personnes âgées, les oncles et tantes plus ou moins sourds, dont certains ne seront plus de ce monde l'an prochain.

Le dessert classique, le choix entre deux bûches, vanille et chocolat, et des mandarines que personne ne mange. Quant au digestif censé faciliter la digestion, il peut prendre une tournure disons... accidentelle. Entre un bas Armagnac du bouilleur de cru, une Izarra verte ou jaune achetée en catimini en Espagne, ou une liqueur de café.

Les tout petits enfants dorment par terre, ou sur les bancs de bois avec des couvertures. Ils ne se rendent compte de rien, malgré l'ambiance et le bruit.

Les anciens quittent la table, repus et passablement ivres, le pas chancelant. Ils rentrent seuls ou accompagnés par les plus jeunes, le devoir accompli, encore une année passée. Le bal reprend ses droits, le son monte, personne pour râler. Tout le monde tourne autour des tables, se marche sur les pieds, se prend par la taille pour « la danse des canards :

tournez, c'est la fête
bras dessus-dessous
comme des girouettes
c'est super chouette... ».

Distribution des cotillons : trompettes, lance-boules, rouleaux de serpentin, chapeaux pointus... Un feu d'artifice de papier. La tête aussi libre et légère que l'estomac lourd, les yeux brouillés par ce mélange d'alcools, une sorte de brume intérieure avec un phrasé désordonné. De rares moments où l'on oublie tout, les frustrations et les contrariétés.

Peu avant 6 heures, peut-être plus, après quelques pressions à la tireuse sur le bar encombré, une bousculade entre deux abrutis chalumés. Colette et Jade lancent l'appel de la soupe à l'oignon avant de se séparer. Quelques croutons de pain, du vin blanc sec, mais pas de fromage râpé. Une petite quinzaine de gais lurons irréductibles clôture ce réveillon. Des amours parfois confortés, et parfois bien le contraire. Des confettis dans le cou et les oreilles.

Jean est indifférent à la vie de la ferme qui se porte de mieux en mieux, Henri et Léa commencent à gagner une série de concours de race bovine, tant en province qu'au salon de l'agriculture à Paris. Ce qui entraîne indubitablement de meilleurs débouchés, une reconnaissance accrue et une satisfaction méritée. C'est le moment où Jean pense à écrire ses mémoires, l'après-midi ou dans le soir sombre. À noircir une feuille sur son état de prisonnier. Il gribouille, il déchire, il recommence, il oublie. Une pudeur toute paysanne. Et parfois, il s'égare dans les lieux, les dates (même les plus essentielles comme la mort de ses proches). Très peu de noms, en période de guerre ou pas, est-ce la preuve d'une grande solitude, d'une empathie entamée ? Je n'en sais vraiment rien. Il déroule sa vie sur des épisodes précis et plusieurs fois sous des angles divers, difficile de s'y retrouver. Par contre, le mutisme absolu sur d'autres moments, des instants sans vie, des amnésies totales ou un désintérêt pour certaines choses. De bizarres éclipses. Comme un cliché photographique voilé.

Il parle finalement peu à sa famille sauf de certains jalons obsessionnels : Vierzon, la ferme en Pologne, Odessa et le retour catastrophique à la maison. Deux mots laconiques sur sa mère, aucun sur sa grand-mère. Mais, un fort attachement à son village de Lamazère, ses racines de sang et de terre. Jamais rien sur ses conditions de vie. Table rase sur les sentiments enfouis.

Très entouré par sa famille et ses voisins (Marthe l'était tout autant), mais des silences autistes, repliés. À quoi, à qui pensait-il vraiment ? À des pans de mémoires disparus pour toujours ? À une histoire évanouie ?

Pas de chronologie évidente sur ses cahiers, aux deux tiers remplis. Il ordonne et numérote sur 2 ou 3 pages, puis plus rien du tout. À l'encre bleue, noire, au crayon à papier. Pas les moindres dates qui pourraient constituer un fil rouge, il va et il vient, il divague dans ses pensées même si la logique est immuable, figée, inlassable. Le givre des souvenirs.

Début 1991, Jean multiplie les problèmes de santé. De nombreux soucis consécutifs, un accident vasculaire cérébral, des ennuis cardiaques vicieux et silencieux suivis par le Docteur Jean-Claude Ferradou, un autre Gersois pur jus né à Sarrant. Des bronchites, je crois qu'on lui a posé un pacemaker en octobre 1989.

Perclus de rhumatismes, de nombreux troubles ostéoarticulaires qui l'handicapent. Les 2 prothèses de hanches posées en 1976 sont bien loin. Des difficultés pour marcher normalement, pour se lever du fauteuil de velours rouge. Le haut du buste et la nuque bloqués, figés à jamais. Un dommage collatéral du temps passé en captivité, dans des conditions souvent inhumaines. Je me souviens maintenant d'une de ses dernières sorties, la plantation de l'arbre de la liberté lors du bicentenaire de 1989 à Aux-Aussat. Un tilleul argenté, un feuillage vert sombre sur le dessus et blanc cotonneux sur le dessous. Je le vois encore jeter une poignée de terre dans le trou avec l'abbé Maumus. Laurel et Hardy courbés autour de l'arbuste qui riait au beau milieu de la place du village.

Hospitalisé au printemps où tout s'éveille, à la clinique de l'Ormeau face au quartier Fould à Tarbes. La nature explose, elle revit après la guerre de l'hiver. Jean est affaibli, il s'exprime peu. Ses seules bribes sont réservées au conflit, aux conflits. Un siècle envolé, du bonheur volé.

Le 12 mai, à l'aube, une anecdote, je passe le voir au saut du lit. Mon trajet, la place Marcadieu, puis le rond-point du centre de transfusion sanguine côté Pyrénées dont je ne fais pas le tour (!), 2 motards m'attendent à la sortie, gros sermon mérité. Je présente mes excuses platement (mais sans doute lourdement). L'un des motards me propose une alternative surprenante, parler et 6 points de retrait ou me taire et faire 2 fois le tour du rond-point derrière leur moto et repartir sans rien. Mon choix se porte sur la 2ième solution !

Je le retrouve dans sa chambre 32, au bout du couloir, face au bureau des soignants. Il est agité, toujours habité, possédé par son discours qui passe en boucle. Mais, relativement bien dans son état.

Léa fait sa visite quotidienne en fin de journée, surprise de le voir attaché et emprisonné dans son lit de douleurs par des barrières et autres protections. Il ferme les yeux la nuit suivante, 5 jours après l'armistice de 1945.

Pour ses obsèques, il avait dit maintes fois (et écrit aussi je crois) qu'il souhaitait une cérémonie simple « sans fleur ni couronne », seulement avec le drapeau de la France sur son cercueil, ce qui fut fait.

Toujours la France, pourtant à l'origine des tracas et malheurs de sa vie tourmentée.

Les lettres de la vie, à ne jamais oublier.

Fin

NomBre 7
éditions

contact@nombre7.fr — 04 66 05 87 18

Imprimé en France — Décembre 2020
Dépôt légal second semestre 2020